KANADA

Ontario & Québec

The Sun Always Shines On TV

Daniela Roessler

Roadtrip und Reiseführer durch den Osten Kanadas, durch die Provinzen Ontario und Québec

Inhaltsverzeichnis

Die Route 102

Allein unterwegs in ...

Ein Buch über meine Reise wollte ich eigentlich gar nicht schreiben.

Doch nach meiner Rückkehr aus Kanada habe ich Freunden und Bekannten von der Reise berichtet und immer wieder wurde mir gesagt, dass ich doch ein Buch über meine Erlebnisse schreiben soll. Irgendwann habe ich gedacht: "Warum eigentlich nicht?" und einfach mal angefangen. Das Projekt wurde schnell größer und umfangreicher und herausgekommen ist ein Buch, das die verschiedene Aspekte einer Reise berücksichtigt.

Ein langjähriger Traum von mir ist es, eine Filmreportage über eine Reise zu machen. Was mich bisher davon abgehalten hat, ist die Tatsache, dass es als Alleinreisende schwierig ist, etwas zu erleben und gleichzeitig zu filmen. Denn trifft man fremde Menschen und möchte sie filmen, muss im Vorfeld einiges abgesprochen werden, so dass die Menschen anfangen, darüber nachzudenken, was sie später erzählen und wie sie vor der Kamera wirken. Persönliches fällt dann oft unter den Tisch und Situationen wirken meist wenig authentisch. Die Kamera direkt bei sich zu haben ist deshalb oft eher Barriere als Türöffner und verfälscht möglicherweise Situationen:
Vor einigen Jahren traf ich zwei Motorradfahrer auf der Südinsel von Neuseeland. Sie wollten einen Film über die Erkundung der Insel mit dem Motorrad drehen. Dafür sind sie x-mal an der zuvor aufgestellten Kamera vorbei gefahren um die möglichst perfekte Einstellung zu bekommen. So wollte ich das nicht machen. Bei manchen Reisereportagen im Fernsehen stehen mir die Reporter zu sehr im Vordergrund, auch das ist nicht mein Ding. Es geht mir um die Menschen, was sie mir zeigen und um die Geschichten, die sie mir durch ihr Vertrauen schenken. Eine Landschaft, eine Stadt, eine Situation im Moment des Erlebens zu zeigen, einfach wie sie ist, das möchte ich - und nicht tagelang auf das optimale Wetter für ein Foto warten. Das Projekt Film legte ich deshalb auf meiner Reise nach Kanada erst einmal auf Eis.

In welche Provinzen ich im Osten Kanadas genau fahren würde - Ontario, Québec, Nova Scotia, New Foundland - oder vielleicht doch eher in die USA war mir am Anfang der Reise noch unklar. Außer dem Flug nach Montréal, den ersten Übernachtungen und dem Mietwagen war nichts gebucht und somit vieles offen.
Und so bin ich, ohne zu filmen, einfach nur für mich mit offenen Augen und Ohren umher gereist um das Land, das Leben und vor allem die Menschen zu entdecken. Was dabei passiert ist? Auch davon handelt dieses Buch.

Viele Begegnungen waren ein Geschenk für mich, gerade an trüben Tagen haben sie meine Stimmung erhellt und mich getragen. Bei Dauerregen und Kälte alleine zu reisen ist manchmal eine echte Herausforderung.
In Kanada wurde ich häufig gefragt, warum ich denn alleine unterwegs sei und viele Frauen, egal ob alt oder jung, meinten, dass sie sich das nicht trauen würden, weil es doch bestimmt gefährlich und schwierig ist.
Doch Mut wird belohnt. Als alleinreisende Frau sehe ich mehr, höre ich mehr, erfahre ich mehr und komme schneller an Menschen heran, als wenn ich zu zweit oder in einer Gruppe unterwegs bin. Zum einen werde ich nicht durch andere Personen - die meine Muttersprache sprechen - abgelenkt und bin gezwungen, in Kontakt mit fremden Menschen zu treten. Zum anderen öffnen sich Menschen einer einzelnen, ihnen fremden Person eher als mehreren Personen. Wie eine Reise als alleinreisender Mann ist, kann ich nicht sagen, fände es aber spannend das einmal aus dieser Perspektive zu erleben.
Es gab in Kanada schöne, interessante, spannende und lustige Situationen. Wie so oft liegen Welten zwischen der theoretischen - oft verträumten - Vorstellung einer Reise und der harschen Realität des Unterwegsseins. Auch die beste Vorbereitung ersetzt das Improvisieren vor Ort nicht. Ein vorhandenes Talent dazu ist hilfreich, aber wenn Sie denken, Sie haben es nicht: Keine Sorge, man entwickelt es schnell, wenn es darauf ankommt.

Das Buch ist in drei Kapitel gegliedert, die aufeinander aufbauen und so ein Gesamtbild der Reise ergeben. **Die Reise** erzählt die Geschichten, die ich unterwegs erlebt habe. **Die Route** zeigt Karten und Bilder der Etappen. **Die Informationen** bieten Sehens- und Wissenswertes, Geographisches und Adressen, die zur Planung und vor Ort nützlich sind. Die Fotos zeigen einfach, wie es vor Ort aussieht. Das Ganze ist subjektiv und soll es auch sein. Die erzählten Geschichten sind echt. Die Namen der Menschen und die Orte an denen die Erzählungen spielen, habe ich - um die Privatsphäre der Menschen zu schützen - teilweise geändert.

Schön wäre es, wenn dieses Buch die eine oder andere Person dazu animiert, auch einmal alleine durch die Welt oder das eigene Land zu reisen. Reisen öffnet den Horizont und es gibt so viel zu entdecken - auch über sich selbst. Ich wünsche Ihnen viel Spaß dabei!
Dieses Buch habe ich auch für diejenigen Menschen geschrieben, die fremde Länder mögen, aber nicht die Möglichkeit haben weit zu reisen. Begleiten Sie mich auf meiner Reise durch Ontario und Québec ganz einfach vom heimischen Sofa aus. Auch dabei wünsche ich viel Vergnügen.

Und übrigens, wie das Buch zu seinem Titel kam erfahren Sie in Etappe 8.

Die Reise

Was man als Frau
allein unterwegs in
Ontario und Québec
so erlebt

Erst mal hinkommen

Bisher läuft es doch ganz gut, denke ich so bei mir. Wenn ich ehrlich bin, ist das auch nicht schwer, denn meine Reise hat gerade erst begonnen. Ich sitze im Flieger und warte darauf, dass es losgeht.

Die letzten Tage hatte ich mich durch Horrorvorstellungen vom Flug verrückt gemacht. Nicht, dass ich Flugangst hätte - nein, ich doch nicht. Ich stelle mir nur bildlich vor, wie ich völlig eingezwängt zwischen riesigen Menschen, die so groß wie breit sind und die mir ihre Arme in die Rippen stoßen auf einem schmalen Sitz, die Knie an den Ohren liegend, die langen Stunden des Fluges verbringen muss. Und natürlich komme ich, wenn die Blase drängt, nicht zwischen diesen großen und breiten Ungetümen aus meinem Sitz heraus, um auf eine dieser engen und niedrigen Bordtoiletten zu gehen. Angespannt, mit zusammengekniffenen Beinen, still vor mich hin leidend sitze ich da, bis der Flieger nach qualvollen Stunden endlich landet. Die riesigen menschlichen Ungetüme verlassen dann lässig schlendernd und gut gelaunt das Flugzeug, während ich nassgeschwitzt auf allen Vieren von Bord krieche: Die Bilder, die meine blühende und ausschweifende Phantasie vor meinem geistigen Auge entstehen lässt, reichen, um Horror zu empfinden.

Als nervöses Häufchen Elend war ich heute Morgen von meinem besten Freund zum Flughafen gebracht worden. Dort habe ich erst einmal homöopathische Globuli eingeworfen, in der festen Überzeugung, dass dieses Mittel mich ruhig und entspannt werden lässt und ich einen guten Flug haben werde. Wie heißt es doch so schön „Der Wille (oder war es der Glaube?) kann Berge versetzen" - und offenbar kann er auch beruhigen.

Jetzt müsste es langsam losgehen. Ich bin in freudiger Erwartung, doch statt des Schubes kommt eine Durchsage „Wegen vermehrten Flugbetriebes verzögert sich der Start um ca. 15 Minuten".

Ommm, jetzt ruhig bleiben.
Ommm, ich bin ja so entspannt.
Ommm.

Es werden dann 30 Minuten Verspätung bis es losgeht, dafür kann ich meinen Sitzplatz tauschen und sitze jetzt am Gang mit einem Leerplatz neben mir und einer lächelnden, jungen indischen Frau am Fenster. Der Weg zur Toilette ist also ungehindert möglich. Wie schön.

Nach dem Essen und einem sehr ruhigen Film über vier völlig unterschiedliche Frauen in Amerika - dessen Schauplatz eine sehr einsame und kalte Gegend ist, in dem Michelle Williams und Kristen Stewart mitspielen und dessen Titel ich leider vergessen habe - packt die junge Inderin auf einmal ihr Essen aus. Jetzt ist mir klar, warum sie das Bordessen vorher abgelehnt hatte.

Ich bin angesichts der Fülle und Auswahl an Essen völlig baff. „Wie hat sie die ganzen Köstlichkeiten durch die Sicherheitskontrollen bekommen?", frage ich erst mich im Geiste und dann sie.

Ihre lange Reise begann vor etlichen Stunden in Bangalore/Indien. Nach über 9 Stunden Flug und der Transitzeit in Frankfurt, sitzt sie nun wie ich im Flieger nach Montréal. Wie sie es geschafft hat, das teils flüssige Essen in den Flieger zu bekommen, erzählt sie mir leider nicht. Dafür gibt sie mir etwas von ihrem Essen, um es zu probieren - es schmeckt köstlich.

Im Stillen denke ich mir, was für eine Mimose ich doch bin, wenn ich mich wegen 8 Stunden Flug so anstelle und die junge Inderin mittlerweile schon über 13 Stunden unterwegs ist und immer noch lächelt. Sie lächelt in Vorfreude, wie sie mir erzählt. Von Montréal aus fliegt sie nämlich weiter nach Moncton - nochmal 3 Stunden.
Dort wartet ihr Mann, den sie seit einem Jahr nicht mehr gesehen hat. Er hat Indien verlassen, um in Kanada zu arbeiten. Sie ist studierte IT-Spezialistin und hofft nun, ebenfalls in Kanada eine Stelle zu finden, um bei ihrem Mann bleiben zu können. Während des Erzählens strahlt sie über das ganze Gesicht und ihre Augen leuchten. Ich sehe, wie sehr sie sich auf ihren Mann freut.

„Bitte klappen Sie Ihren Tisch nach oben und stellen Sie Ihre Rückenlehne gerade", schallt es aus dem Lautsprecher.

Endlich! Landeanflug auf Montréal.
Puh! Das ist erst mal geschafft.

Here I am - Je suis arrivée

Kaum gelandet, realisiere ich, dass in Montréal Französisch gesprochen wird. So ein Mist! Das hatte ich irgendwie total verdrängt. Ich weiß natürlich, dass die Menschen in Québec Französisch sprechen, aber doch nicht in Kanada! In Kanada wird doch Englisch gesprochen.
Ich komme mir vor, als ob ich noch nie auf Reisen gewesen wäre! Das ist ein klassischer Anfängerfehler. Jetzt krame ich die letzten verbliebenen Sätze meines Schulfranzösischs hervor und schlage mich erst mal durch mit der Frage „Parlez vous anglais?".

Dank der Hilfe Englisch sprechender und überaus freundlicher Menschen schaffe ich es, mir mittels Kreditkarte ein Busticket zu kaufen. Begleitet von grauem Himmel und Nieselregen fahre ich in die City.

Dort angekommen hat sich der Nieselregen in einen richtigen Regenschauer verwandelt, was dafür sorgt, dass ich beim Fußmarsch durch die Stadt mal wieder das Phänomen der sich selbstständig verlängernden Wege erlebe.

Zuhause, als ich mir den Weg von der Bushaltestelle zum Hotel online auf der Karte angesehen hatte, war er mir kurz und einfach vorgekommen, quasi ein Klacks! Bei Regen mit Gepäck und diversen Baustellen, die sich mir in den Weg stellen, ist der Fußweg auf einmal sehr viel länger.
Nicht nur die Zeit ist relativ, denke ich so bei mir.

Im Hotel angekommen haben sich meine leichten Kopfschmerzen während des Fluges in extremste Kopfschmerzen gesteigert, die sich auch mit Tabletten nicht ganz vertreiben lassen. Ich will mich nur noch aufs Bett werfen und die Augen schließen.
Als ich mein Zimmer betrete, denke ich noch „Alles wird gut." Der Raum ist modern eingerichtet, das Bett riesig und weich. Es scheint mich anzulachen und darauf zu warten, dass ich mich auf die glatten Laken werfe.

Doch was ist das?
Ein Höllenlärm.

Durch die einfach verglasten, undichten Fenster dringen die Geräusche von gefühlt Tausenden und Abertausenden Klimageräten ins Zimmer.

Oh nein. Bitte nicht. Jetzt bloß kein Dauerlärm.
Doch es lärmt weiter.

Ich bin fertig mit der Welt - mit Kanada im Besonderen, dem Hotel im Speziellen und sowieso allem und jedem. Mein Kopf platzt gleich, mir laufen Tränen über die Wange und ich will nach Hause. Sofort! Ich will in mein Bett, mir die Decke über den Kopf ziehen und Ruhe haben. Wie bekomme ich das hin? Was kann ich jetzt machen?

Ich brauche unbedingt seelischen Beistand, liebe Worte und Verständnis. Glücklicherweise habe ich eine Eingebung und probiere zum ersten Mal im Leben im Ausland über Messenger zu telefonieren. Es klappt sofort.
Die Qualität des Anrufs ist hervorragend. Die Stimme meines besten Freundes hört sich so klar an, als ob er neben mir sitzen würde. Er bringt es mit seiner ganz eigenen Art mal wieder auf den Punkt: „Hey, du bist jetzt in Kanada und die Kopfschmerzen vergehen bestimmt bald. Freu dich einfach!"

Eigentlich wollte ich in Selbstmitleid zerfließen, aber er hat Recht. Heulen und Leiden bringen mich nicht weiter und helfen mir auch nicht und überhaupt ...
Ja, ich bin in Kanada. Wie toll ist das denn?!

Also Ohrstöpsel rein - um weitere Schmerztabletten komme ich leider nicht herum, ausruhen und einige Stunden später heißt es dann „Montréal, ich komme!"

Etwas matschig im Kopf laufe ich einfach mal los und finde mich nach einigen Schritten in einer schmalen Straße ohne Autoverkehr wieder. Hier tobt das Leben. Unzählige chinesische Restaurants bieten ihr Essen an. Dazwischen Läden mit chinesischen Lebensmitteln, Haushaltswaren oder Einrichtungsgegenständen. Menschen jeden Alters und jeder Nationalität schieben sich durch die enge Gasse. Ein Gewirr an lauten Worten, schrägen Tönen, angenehmen Düften, üblen Gerüchen und unzähligen visuellen Eindrücken umgibt mich - alles gleichzeitig, durcheinander, laut und hektisch. Meinem Kopf werden diese Sinnesexplosionen zu viel und so verlasse ich die Gasse und gehe weiter.

In einem großen Einkaufskomplex mit Läden, einem Supermarkt und Restaurants esse ich etwas bei leiser Musik. Nightlife fällt heute leider aus.

Die Stadt auf der Insel

Der Tag beginnt trüb, aber trocken. Wegen des Jetlag wache ich um 4:00 Uhr auf und sitze um 6:00 Uhr frisch geduscht als eine der ersten und fast einzigen Hotelgäste beim Frühstück. Wer steht im Urlaub auch freiwillig so früh auf? Im Fernsehen läuft ein Sportkanal und irgendwo scheint schon irgendjemand Eishockey zu spielen - oder ist das die Wiederholung vom Vortag? Schwer zu sagen, da der Ton abgestellt ist. Es liegen Zeitungen aus und so schnappe ich mir eine Montréal Gazette und genieße die Ruhe. Zwei Tische weiter sitzt ein Mann, der zwischen Kaffee und Toast hektisch in sein Smartphone tippt und auch die Frau am Nebentisch ist völlig eins mit ihrem Gerät. Sie schreibt schnell und die Textnachrichten fliegen nur so hin und her, wie ich am bekannten Geräusch des Messengers hören kann. Wie schön, dass ich eine Zeitung, Ruhe und sogar einen gut schmeckenden Kaffee habe.

Ich liebe Wasser und freue mich natürlich, dass Montréal auf einer Insel, der „Îlé de Montréal", liegt. Dem Reiseführer folgend die Sehenswürdigkeiten der Stadt abzuklappern interessiert mich nicht. Lieber lasse ich mich einfach so durch die Straßen der Stadt treiben, ohne direktes Ziel und entdecke, was sich mir so zeigt. Meist kann ich mich, trotz des Gehens ohne Plan, den Sehenswürdigkeiten auf dem Weg nicht entziehen. Spannender für mich ist allerdings, was es sonst noch so zu sehen gibt. Das „Sich treiben Lassen" ist einfach schön.

Als Fan von Stadtplänen habe ich mir natürlich schon am Flughafen eine Karte von Montréal besorgt. Diese kann ich im Notfall aus der Tasche ziehen und schon weiß ich wieder wo ich bin. Wenn es unterwegs irgendwo Wifi gibt geht das natürlich auch mit den Maps der bekannten Suchmaschine, aber irgendwie finde ich Papier schöner. Es verändert sich während des Benutzens, es zeigt einem damit wie die Zeit vergeht, man kann sich darauf Notizen machen und erkennen, dass man etwas erlebt hat.

Mein Kopf brummt immer noch etwas, doch kurz nach 8:00 Uhr ziehe ich los um das Centre-Ville zu erkunden. Da das Busticket noch bis zum frühen Nachmittag gilt, beschließe ich spontan zum Olympiapark mit seinem 165 m hohen Aussichtsturm zu fahren und mir Montréal von oben anzuschauen. Mit der Green Line der Metro geht es von der Station Place des Arts in Richtung Honoré-Beaugrand bis zur Station Pie IX. Dort angekommen, laufe ich die Straße entlang und werde von zwei Männern angesprochen.

Es sind britische Touristen, die mich nach dem Weg zum Tower fragen. Scheinbar sehe ich wissend und nach einem Tag in Kanada schon wie eine Einheimische aus. Das passiert mir öfter, wenn ich unterwegs bin. Mein Aussehen ist scheinbar so kompatibel zu vielen Ländern, dass ich auf Reisen vor Ort oft von Touristen angesprochen und nach allem Möglichen und Unmöglichen gefragt werde.

Das ganze Areal wirkt ausgestorben und leer. Der Hauptveranstaltungsort der Olympischen Spiele aus dem Jahre 1976 liegt noch im Winterschlaf. Abgestorbene Äste werden durch den Wind umhergefegt und sammeln sich vor einer Tür. In das Olympiastadion kann man zwar rein, aber das war's dann auch schon. Der Tower wird gerade generalüberholt und ist geschlossen. So wird es also nichts mit der Aussicht auf die Stadt. Neben dem Stadion, aufgereiht an Masten, hängen viele Flaggen. Zwei Deutschlandflaggen springen mir ins Auge, Offenbar hängen hier immer noch die Flaggen der Länder die 1976 an den Olympischen Sommerspielen teilgenommen haben und damals waren das noch die BRD und DDR.

Fahnen auf dem Olympia Gelände

Ich schlendere über das ganze Gebiet des Olympiaparks und schaue mich um. Im Sommer wuseln hier bestimmt Unmengen von Menschen herum, doch jetzt ist es fast einsam.

Mein Weg führt mich zum Botanischen Garten. Doch bevor ich mir die Gartenflächen anschauen kann, beginnt es zu regnen. Dann eben nicht. Im Gebäude ist es warm und trocken. Das jahreszeitliche Thema ist das Schlüpfen der Schmetterlinge; das ist sehenswert und zieht viele Familien an.

Da ich nachmittags mit Lucas, einem Kanadier, verabredet bin, muss ich langsam zurück ins Hotel. Er hat einige Zeit in Deutschland gelebt und spricht deutsch. Wir haben uns im Internet kennengelernt und einmal geskypt. Dabei wirkte er sehr sympathisch. Sein Angebot mir die Westseite der île de Montréal zu zeigen, mit Plätzen die sonst kein Tourist sieht, habe ich gerne angenommen. Ich denke nicht, dass er ein kanadischer Serienmörder ist, der es auf deutsche Touristinnen abgesehen hat, aber man weiß ja nie und sicher ist sicher.
Eigentlich sieht Lucas nicht wie ein Psychopath aus – wobei ich gar nicht weiß, wie ein Psychopath aussieht. Wahrscheinlich wie alle anderen Menschen auch.
Zwei Freunde in Deutschland habe ich informiert und ihnen seine Kontaktdaten übermittelt. Falls ich mich nach X Stunden nicht bei ihnen melde, könnten sie die kanadische Polizei informieren.

Am Nachmittag holt mich Lucas mit seinem Auto vor dem Hotel ab und wir kämpfen uns durch den Verkehr aus der City heraus. Kurz darauf sind wir in einer anderen Welt. Wir sehen schöne herrschaftliche Häuser in parkähnlichen Anwesen und alte Steingebäude in kleinen Orten. Alles wirkt ruhig und friedlich. Als wir die Straße entlangfahren, sehe ich an einem Baum einen Woodpecker mit rotem aufgestelltem Kamm.

Doch ich sehe auch überschwemmte Straßen und Menschen die ihre Keller auspumpen. Einige Straßen sind sogar wegen Überflutung gesperrt.

Hochwasser an der Westseite der Île de Montréal

In den letzten Wochen hat es viel geregnet und die Wettervorhersage der nächsten Tage sieht auch durchwachsen aus.

Nachdem wir die Westspitze umrundet haben, geht es zurück in die Stadt. Es ist mittlerweile Abend geworden und ich bin von der Zeitverschiebung müde und völlig fertig.

Lucas der ursprünglich aus Ontario stammt und seit einigen Jahren in Montréal wohnt, spricht nur wenig Französisch und meint, dass es schwierig ist beruflich in der Provinz Québec Fuß zu fassen, wenn man die Sprache nicht perfekt beherrscht.

Die Menschen in Ontario sind offener und netter als die in Québec, meint er, und betont nochmals ausdrücklich, dass ich bei Wanderungen in den Nationalparks die Wege auf keinen Fall verlassen soll. Erst kürzlich mussten wieder verirrte Touristen aus den Wäldern gerettet werden.

Ich werde mich an seine Tipps halten, denn sowas möchte ich nicht erleben. Beim Abschied vor dem Hotel verspreche ich mich ab und an von unterwegs zu melden.

Was hat der Mops mit dem Pudel?

5:00 Uhr ich bin hellwach. Da Sonntag ist, kann ich erst um 6:30 Uhr zum Frühstück. Das heißt im Bett liegen bleiben und dösen.
Natürlich bin ich wieder sehr früh unterwegs und habe die Stadt mit ihren Straßen und Plätzen fast für mich alleine. Die Sonne strahlt und der Himmel ist wunderbar und wolkenlos Blau. Ich mag diese Stimmung früh am Morgen in einer fremden Stadt, wenn die Straßenreinigung unterwegs ist, die letzten Nachtschwärmer nach Hause gehen oder die ersten Leute zur Arbeit. Dann zeigt sich eine Stadt ungeschminkt und ich fühle mich, als wäre ich ein Teil von ihr und nicht nur als Touristin unterwegs.

Montréal gefällt mir, es lässt sich fast alles erlaufen. Die Altstadt Vieux-Montreal mit ihren Straßen und Gassen und dem Hafengebiet und natürlich den 233 m hohen Mont Royal. Mit der Altstadt fange ich an. Am Place d'Armes fallen mir sofort zwei Bronze-Figuren auf, die rechts und links neben einem Hochhaus stehen. Ein Mann und eine Frau, beide mit großen, in die Luft ragenden Nasen und jeweils mit einem Hund auf dem Arm. Die Hunde schauen sich an, die Menschen nicht. Beide schauen in die Luft, etwas hochnäsig im wahrsten Sinne des Wortes.

Hmm, was bedeutet das?

Der englische Mops

Der französische Pudel

Die Tafel neben der Bronze-Frau in High-Heels lüftet das Geheimnis: „Der französische Pudel (Frau) und der englische Mops (Mann). Eine ironische Darstellung der kulturellen Distanz zwischen „englischen" und „französischen" Kanadiern.
Dass es diese Distanz wirklich gibt, hatte sich gestern schon bei meiner Unterhaltung mit Lucas gezeigt.

Kreuz und quer ohne Ziel laufe ich weiter und entdecke interessante Straßen und schöne Ecken. Auf einmal liegt ein schwarzer BH hinter einem Auto auf der Straße. Was ist hier letzte Nacht wohl passiert?

Schwarzer BH am Straßenrand, neben dem Gehweg

Sofort springt mein Kopfkino an und ich male mir verschiedene Szenarien aus. Kurz nach Mitternacht blickt eine junge Frau aus einem der oberen Fenster zu ihrem Freund herunter den sie seit Monaten nicht gesehen hat, da er für ein Auslandssemester in Australien war. Übermütig und in freudiger Erwartung auf das Wiedersehen wirft sie ihm ihren schwarzen BH zu. Er schaut nach oben, winkt ihr zu und läuft völlig kopflos zur Haustür, den BH lässt er auf der Straße liegen.

Oder war es eher so ...
Gerade jetzt, wo der Besuch der Eltern ansteht, hat die Waschmaschine ihren Geist aufgegeben. Was bleibt der Frau anderes übrig als nach der Arbeit noch in den Waschsalon zu gehen? Spät abends kommt sie dann mit einem Korb voller Wäsche zurück. Einige Wäschestücke, darunter der BH, hängen unbemerkt an der Seite aus dem Korb heraus. Als sie sich schwer bepackt zwischen zwei eng geparkten Autos hindurchzwängt, bleibt sie mit dem Fuß am Bordstein hängen, stolpert, der BH löst sich und fällt zu Boden. Da es dunkel ist, kann sie das nicht sehen und wundert sich am nächsten Tag, wo ihr BH abgeblieben ist. Bestimmt war es so - oder auch ganz anders ...

Egal, weiter geht es zum Place Jaques Cartier. Um diese frühe Uhrzeit ist der Platz wie ausgestorben. Normalerweise sitzen hier Künstler, die ihre Werke verkaufen und rechts und links herrscht Trubel in den Restaurants. Jetzt ist alles still.

Blick auf den Place Jaques Cartier

Auch das Hafengebiet ist bis auf einige Jogger, Radfahrer und Spaziergänger ruhig und leer. Ideal um ungestört zu fotografieren. Hier könnte ich den ganzen Tag verbringen. Das Gebiet bietet einiges zum Zeitvertreib: viele Sehenswürdigkeiten, einen Rundumblick, verschiedene Boat Cruises, Museen, ein Science Center, das IMAX ...
Doch der Mont Royal wartet und so gehe ich nach einer Pause weiter.

Der Weg zu Fuß vom Hafen auf den Berg ist doch anstrengender als es auf dem Stadtplan aussieht. Die Strecke beträgt circa 5 km mit einem Höhenunterschied von etwa 240 Metern. Die Rue Peel bergauf fange ich an zu schwitzen und mein Atemrhythmus wird schneller. Puh, durch die Sonne ist es ganz schön warm. An den Treppen zum Mont Royal angekommen drehe mich um: Der Ausblick auf die Stadt ist jetzt schon gut, wie wird er erst ganz oben sein?

Ein sportlicher Kanadier beim Workout

Viele Holztreppen winden sich den Berg hoch, um genau zu sein 250 Stufen. Der Aufstieg ist nicht so schlimm wie er aussieht und ich fühle mich ganz fit.
Doch ein sportlicher Kanadier, der

mit einer Leichtigkeit an mir vorbei die Treppen hochsaust und dann noch Kräftigungsübungen macht, bringt mich ganz schnell auf den Boden meiner sportlichen Tatsachen zurück.
Oben angekommen, erstreckt sich unter dem Chalet du Mont Royal eine weitläufige Aussichtsplattform. Der Blick von dort auf die Stadt ist atemberaubend und die Anstrengung wert. Man kann auch mit der Buslinie 11 hochfahren. Da ich nicht fußkrank bin, wäre das für mich aber eher das Konsumieren einer Sehenswürdigkeit und nicht das Erleben des Berges.

Der ganze Nachmittag liegt vor mir, und wenn ich schon mal oben bin und das Wetter sonnig und warm ist, dann wandere ich die ausgeschilderten Plätze ab. Am Croix du Mont Royal merke ich, wie hungrig ich bin.

An Proviant hatte ich blöderweise nicht gedacht und so bin ich völlig ausgehungert und mache mich auf den Rückweg. In der Rue Sherbrooke in einem Café lege ich erst mal eine Essenspause ein und bestelle mir ein riesiges Sandwich mit Ziegenkäse und veganem-Bio-Öko-Weißnichtwas-Salat. Optisch sieht das super aus und es schmeckt auch noch gut.

Ohne Zeitdruck und Plan schlendere ich so die Straße entlang, als es auf einmal laut wird. An einer Kreuzung stehen sich eine Vielzahl Polizisten und eine Gruppe schwarz vermummter, grölender Personen gegenüber. Die Atmosphäre ist hitzig und angespannt. Auf einmal fliegt eine Flasche. Was jetzt? Die Kreuzung trennt die gegensätzlichen Parteien.
Die Polizisten gehen einen Schritt auf die Vermummten zu. Die Vermummten weichen einen Schritt zurück. Dieses nach vorne gehen und sich wieder zurück ziehen das beide Gruppen vollführen, wirkt ein wenig wie eine gemeinsam einstudierte Choreographie. Ich verkneife mir ein Foto zu machen und gehe weiträumig an allen Beteiligten vorbei.

Ein Stück weiter nördlich zieht ein Zug von der Polizei eskortierter Demonstranten in die Innenstadt. Frauen und Männer, Alte und Junge, Menschen bunt gemischt rufen wütend Parolen und trillern mit Pfeifen. Die Teilnehmer der Demo sind laut, engagiert und friedlich.
In dieser Atmosphäre habe ich auf einmal das Gefühl, bei einer Demo in Frankfurt zu sein. Da ich die Rufe nicht richtig verstehe und die Plakate nicht sehe, weiß ich leider nicht für oder gegen was gerade demonstriert wird.

Als ich am Place des Artes ankomme, ist die Welt eine andere.
Menschen sitzen in der Sonne, viele mit einem Eis in der Hand und erfreuen sich einfach an diesem sonnigen und warmen Sonntag.

Die Tour beginnt

Der Wind pfeift durch die Straßen, es ist richtig kalt heute Morgen. Glücklicherweise hatte ich kurz vor Abflug noch eine dickere Jacke eingepackt, jetzt bin ich froh darüber. Handschuhe wären super denke ich, und wickele meinen Schal noch ein weiteres Mal um meinen Hals. So laufe ich mit schnellem Schritt zur Autovermietung.

Am Schalter werde ich sofort bedient, bekomme Unterlagen, Schlüssel und Navigationsgerät und werde zum Fahrzeug ins Parkhaus begleitet. Der Mann erklärt mir, dass ich ein Fahrzeug mit Automatikschaltung bekomme und mich beim Fahren um nichts zu kümmern brauche. Ich würde mich aber beim Fahren gerne um etwas kümmern, was soll mein linkes Bein so tun, wenn es nichts zu tun hat? Automatik mag ich gar nicht, aber hier gibt es keine Schaltwagen erfahre ich. Der Mann verabschiedet sich und ich bin mit dem Auto alleine. Hm, was jetzt? Zuhause fahre ich als Pendlerin viel mit dem Auto. Mit einem alten Auto ohne Schnickschnack, aber mit Schaltgetriebe. Und hier finde ich im Fahrzeug die einfachsten Knöpfe und Schalter nicht. Also wieder hinein ins Büro. Ich bitte den Mann mir alles am Fahrzeug zu erklären. Er hat wenig Lust, kommt aber mit und zeigt mir wie das Licht an- und der Kofferraum aufgeht. Was für ein riesiger Kofferraum, da hätte ich mehr Gepäck mitnehmen können. Mein Koffer mit 16 kg Inhalt wird in den Untiefen dieses Kofferraums auf Nimmerwiedersehen verschwinden, denke ich im Stillen bei mir. Laut sage ich zu dem Mann: „O.k. Thank you. Bye".

Mit dem Auto und per Navi geht es zurück zum Hotel. Gepäck holen, auschecken und los. Mein erstes Ziel ist ein Outlet auf dem Weg nach Ottawa. Der Verkehr auf dem Highway im Norden von Montréal ist dicht, aber es geht zügig voran. Am Outlet angekommen bin ich enttäuscht. Das Gebäude sieht genauso aus wie die meisten Outlets in Deutschland. Auch die Läden und Marken sind die gleichen. Es finden sich hier keine kanadischen Marken und überhaupt kann ich alles auch in Deutschland bekommen. Den Traum von außergewöhnlichen Shirts, Sneakern, Jeans oder Jacken kann ich begraben. Na ja, wenigstens gibt es einen Food Court und ich bekomme etwas zu essen. Gestärkt fahre ich weiter nach Ottawa.

Nach dem Abbiegen auf den Highway Richtung Ottawa wird der Verkehr weniger und die Landschaft mehr. Die Umgebung mit Bäumen, sehr vielen Bäumen gleitet sanft vorbei. Mein Kopf ist noch voller Eindrücke aus Montréal und so stoppe ich nicht um mir auf der Strecke etwas anzuschauen.

Auf einmal lotst mich das Navi vom Highway runter in einen kleinen Ort Richtung Ferry. Wieso navigiert mich das Gerät zu einer Fähre, wenn es auf meiner Strecke doch eine Brücke geben soll? Gerade als ich einen Platz zum Wenden suche, taucht ein Schild mit Hinweis „Ottawa Ferry" auf. Kehre ich jetzt um oder lasse ich mich über den Ottawa River schippern? Es ist zwar nicht die Strecke, die ich mir gestern auf der Straßenkarte angeschaut hatte, aber egal, so ist es spannender. Also rauf auf die Fähre und über den Fluss. Alles läuft entspannt ab, die Sonne scheint und es ist schön auf dem Wasser zu sein. Wieder an Land, führt mich das Navi ohne weitere Überraschungen nach Ottawa zu meiner gebuchten Bed & Breakfast Pension.

Die Wohngegend ist ruhig und angenehm. Einzelne Häuser mit Garten stehen nebeneinander. Ich parke den Wagen, gehe zum Haus und drücke auf die Klingel. Als sich die Tür öffnet steht eine kleine zarte Frau mit einem strahlenden Lächeln und einem Leuchten im Gesicht vor mir. Mit einem „Herzlich willkommen, du bist groß!", begrüßt sie mich. Sofort fühle ich mich gut aufgehoben.

Als wir ins Haus gehen, ziehe ich meine Schuhe im Flur aus, wie es in B&Bs üblich ist. Charmaine zeigt mir das Erdgeschoss mit dem Frühstücksraum. Dabei erzählt sie mir, dass die Familie ihres Mannes ursprünglich aus Deutschland stammt und ihr Mann auch sehr groß ist. Gerade sei er mit dem Hund draußen, aber spätestens morgen beim Frühstück würde ich ihn, den Hund und die anderen Gäste kennenlernen. Auf mein gebuchtes Zimmer bekomme ich ein Upgrade und so geht es nicht in den ersten Stock, sondern bis ganz nach oben unter das Dach zur Ferienwohnung mit Balkon. Total überrascht bedanke ich mich und fühle mich wie eine Königin in ihrem Palast.

Beim Auspacken des Koffers klopft es auf einmal an der Tür. Charmaine steht mit einer Tasse Tee und einem Stück Apfelkuchen vor mir. Sie sagt: „Für dich, zum Ankommen und Ausruhen". Wie schön, was für ein Service! Ich bin glücklich und fühle mich total wohl.

Häuser im Viertel „The Glebe" in Ottawa

Wir kaufen ein Haus

Am nächsten Morgen gehe ich runter ins Esszimmer und sehe dort einen Mann und eine Frau um die 30 am langen Esstisch sitzen. In einer Ecke auf dem Boden liegt still ein großer Hund, wahrscheinlich ein Riesen-Schnauzer. Er hebt nur kurz den Kopf, als er mich sieht. Der Hund des Hauses ist größer als gedacht. Irgendwie hatte ich mir ein kleines quirliges Etwas vorgestellt.
Aus der Küche kommt Georg der Hausherr mit einem freundlichen Lächeln und stellt erst sich „Hi, I'm Georg and you must be Daniela" und dann die beiden anderen Gäste vor. Amy und John kommen aus Kanada und möchten in Ottawa ein Haus kaufen. Das klingt spannend.
Obwohl sie schon einige Jahre verheiratet sind, wohnen sie noch getrennt und das möchten sie endlich ändern. John ist bei einer großen Firma in Toronto beschäftigt, wechselt aber bald zum Standort nach Ottawa und deshalb suchen sie hier ein gemeinsames Haus. Amy wohnt in Winnipeg und arbeitet dort als Wissenschaftlerin. Möchten sich die beiden am Wochenende sehen, muss einer von ihnen ins Flugzeug steigen, da die Entfernung mit über 2000 km für eine Autofahrt zu groß ist. Beide freuen sich auf eine gemeinsame Zukunft ohne Fernbeziehung. Mich interessiert wie so ein Hauskauf in Kanada abläuft und ob die Häuser schon fertig möbliert sind oder man wie in Deutschland üblich seine eigenen Möbel hat und damit umzieht.

John erzählt, dass der Häusermarkt derzeit überteuert ist und die Auswahl nicht groß sei. Grundsätzlich wechselt man hier ein Haus öfter als in Deutschland. Man beginnt in jungen Jahren mit einem kleinen Haus oder in der Stadt mit einer Wohnung und wechselt dann mit den Jahren und den sich ändernden Lebensumständen in ein größeres Haus mit mehr Außenfläche. Ihre Möbel würden sie in das neue Haus mitbringen, ergänzt Amy und dass sie sich ein Haus in der Nähe des Zentrums wünscht, um unabhängig zu sein und sich zu Fuß oder mit dem Fahrrad fortbewegen zu können. Am Anfang würde sie in Ottawa noch keine Arbeit und auch kein Auto haben. John legt Wert auf eine große Garage, einen Garten und dass sich das Haus in einem guten Zustand befindet. Amy wirkt etwas angespannt. Sie eröffnet mir, dass sie nur 5 Tage Zeit haben um ein passendes Haus zu finden und heute schon der dritte Tag der Suche sei. Am Vortag hatten sie über eine Maklerin zwei Häuser ansehen können, die beide leider nicht ihren Vorstellungen entsprochen hatten. Das eine Haus war zu alt und renovierungsbedürftig, das andere viel zu klein. Heute geht die Suche also weiter.

Während unseres Gesprächs bringt Georg für jeden von uns ein köstliches Frühstück mit Obst, Joghurt und den verschiedensten Arten von Eierspeisen. Er erzählt dabei, dass es schwierig geworden sei, in den guten und zentralen Stadtteilen von Ottawa ein Haus zu kaufen, da derzeit viele Kanadier arbeitsbedingt nach Ottawa zögen und gleichzeitig ausländische Investoren Häuser oder Wohnungen zu utopischen Preisen kauften. In Toronto und Vancouver sind ausländischen Immobilienkäufer ein großes Problem: Die Preise sind so rasant angestiegen, dass sich normalverdienende Kanadier keine Immobilie mehr leisten können. Zwar hat die Regierung in Vancouver für ausländische Käufer eine zusätzliche Tax von 10% eingeführt, aber die abschreckende Wirkung lässt bisher noch auf sich warten.

Die Zeit beim Frühstück vergeht wie im Flug. Amy und John starten zur Hausbesichtigung.

Nach Sonne und blauem Himmel gestern zeigt sich die Welt draußen heute wieder von ihrer grauen Seite. Positiv denkend gehe ich ohne Schirm aus dem Haus und laufe zügig in die Stadt zur Wellington Street. Im Capital Information Kiosk möchte ich mir ein Ticket für die kostenlose Besichtigung des Parlaments holen. Pro Tag wird nur eine feste Anzahl an Tickets ausgegeben und wer zuerst kommt hat Glück.

Und ich habe Glück und bekomme das letzte Ticket für die nächste Tour, die schon 15 Minuten später beginnt. Los geht es gleich gegenüber auf dem Parliament Hill im Centre Block. Der Weg führt an der Centennial Flame vorbei. Ohne Warteschlange am Eingang und in der Sicherheitskontrolle blitzschnell durchgecheckt bin ich auch schon drin. Die Führung kann beginnen. Da keine Hochsaison ist, sind wir eine kleine internationale Gruppe und die Erklärungen gibt es nur in englischer Sprache. Da fühle ich mich gleich wie eine Einheimische. Von den Räumen, Informationen und Geschichten bin ich begeistert.

Flur im Centre Block

The Library of Parliament

Beispielsweise erfahren wir von dem großen Brand 1916, bei dem der Centre Block zerstört wurde, aber die Bibliothek vor dem Feuer gerettet werden konnte. Dies gelang Dank des schnell handelnden Angestellten Michael McCormac, der die vorhandenen Stahltüren im Übergangsbereich zum Centre Block schloss.
Sehr beeindruckend für mich ist gerade die Bibliothek mit ihrer besonderen Architektur, den wunderschön verzierten Balkonen und den Holzregalen mit vielen Büchern.

Nach dem Centre Block schaue ich mir auch die Memorial Chamber und den Peace Tower an. Obwohl es trüb und regnerisch ist, hat man einen tollen Rundumblick vom 60 m hohen Observation Deck des Turms. Infotafeln zeigen an, welche Gebäude man sehen kann. Als Fan von Aussichtstürmen, mache ich mehr als einmal die Runde.

Peace Tower, Blick vom Observation Deck

Heute ist Kultur angesagt und so zieht es mich weiter zur National Gallery of Canada. Schon von Weitem ist das kathedralenartige Gebäude mit seinen großen Glasflächen des Architekten Moshe Safdie zu erkennen.

Vor dem Eingang empfängt die Besucher - wie in Bilbao vor dem Guggenheim Museum - eine beeindruckende über 9 m große Metallspinne, die in ihrem Beutel 26 Marmoreier trägt.
Diese Skulptur mit Namen „Maman“ der französischen Künstlerin Louise Bourgeois ist kein Horrorobjekt, sondern eine Hommage an ihre Mutter.

„Maman“ links in Bilbao und rechts in Ottawa

Diese arbeitete als Restauratorin und erneuerte bei ihrer Arbeit immer wieder beschädigtes Gewebe - genauso wie Spinnen es tagtäglich mit ihren Netzen tun.

Bevor ich mich den Etagen mit Kunst widmen kann, fordert mein Magen schnellstens etwas Input. Glücklicherweise hat das Museum eine Cafeteria im Angebot, mit warmer Suppe inklusive Ausblick zum Parliament Hill.
Besonders beeindruckt mich bei meinem Rundgang durch das Museum der Bereich mit Inuit-Kunst. Die Skulpturen aus Tierknochen oder Stein, die Tiere, Menschen oder ganzen Szenen des täglichen Lebens zeigen, sind harmonisch gestaltet, sehr fein gearbeitet und eine große Handwerkskunst.
Als ich das Museum verlasse, beginnt es leicht zu nieseln. Das hält mich jedoch nicht davon ab, den nahegelegenen, historischen Stadtteil ByWard Market zu besuchen. Hier kann ich mir mit bummeln, shoppen und essen die Zeit vertreiben. Als es jedoch stärker zu regnen beginnt, wird es ungemütlich und der weitere Spaziergang durch das Gebiet entfällt.

Stattdessen suche ich mir ein gemütliches Café und mache eine längere Pause. Doch auch nach einem großen Kaffee und einem riesengroßen Stück Carrot Cake hört es nicht auf zu regnen.

So laufe ich eben, begleiten vom Regen, erst durch den Fußgängerbereich der Sparks Street und dann die Bank Street entlang, zurück zum B&B.

Kultur und Natur

Der alltägliche Blick nach dem Aufstehen aus dem Fenster zeigt mir eine trockene Straße und nur leicht bewölkten Himmel. Das ist schon mal eine gute Basis für die geplanten Tagesaktivitäten. Bestens gelaunt gehe ich hinunter zum Frühstück.

Am Esstisch sitzt gegenüber von Amy und John heute noch eine Frau im Business Outfit, die mir als Brenda aus Toronto vorgestellt wird. Sie erzählt uns, dass sie auf Geschäftsreise und gestern Abend mit dem Zug aus Toronto angereist ist. Nach ihrem Meeting heute Vormittag geht es für sie wieder per Bahn zurück. Da sie den Familienanschluss in den B&Bs mag, vermeidet sie auf Geschäftsreisen die großen Hotels, wann immer es möglich ist.

Mich interessiert, was Amy und John gestern erlebt haben. John erzählt begeistert, dass sie wahrscheinlich ein Haus gefunden haben. Garage, Garten, Zustand und Anzahl der Zimmer - für John passt alles. Amy ist nicht wirklich begeistert. Das Haus liegt sehr weit vom Zentrum entfernt, in einer Gegend mit Familien. Sie befürchtet, dort etwas einsam zu sein, da John durch seinen Job viel unterwegs ist. Ohne eigenes Auto ist das Zentrum von diesem Stadtteil aus schwierig zu erreichen. Begeisterung klingt anders, denke ich und sage nichts. Da bin ich mal gespannt wie der Hauskauf am Ende ausgeht.

Für mich steht heute ein Ausflug auf die andere Seite des Ottawa River, nach Gatineau in Québec, auf dem Programm. Vormittags Kultur im Canadian Museum of History und nachmittags Natur im Gatineau Park mit – wie es im Osten Kanadas nicht anders zu erwarten ist - Wasser, Wald und vielen Outdoor-Aktivitäten.

Über die Portage Bridge bin ich mit dem Auto schnell beim Museum. In der Tiefgarage unter dem Gebäude stehen viele freie Parkplätze bereit. Im weitläufigen Eingangsbereich erzählt mir eine freundliche Mitarbeiterin, was es heute alles zu sehen und zu erleben gibt. Die beeindruckend riesige Grand Hall führt in die Geschichte, die Kultur und den Glauben der First People von Kanadas Pazifikküste ein.

In der Canadian History Hall, lässt sich Kanada von früher bis heute entdecken. Im Cine+ 3 D Kino stehen Filme über kanadische Expeditionen oder beeindruckende Natur, wie die der Great Lakes auf dem Programm.

An der Kasse bekomme ich sofort ein Ticket. Es ist schon ein Vorteil außerhalb der Saison hier zu sein.

Canadian Museum of History

Von einer sehr kleinen Maske bin ich in der First Peoples Hall besonders begeistert. Sie ist extrem fein gearbeitet und wirkt sehr zart. Trotz ihrer geringen Größe ist das Gesicht das sie zeigt außergewöhnlich Ausdrucksstark. Es berührt mich in einer Weise, die ich nicht erklären kann. Gefunden wurde sie im Territorium Nunavut sagt die Beschreibung neben der Maske.

Mask, Ivory
Palaeoeskimo
Devon Island, Nunavut
about 1.700 B.C.

This small ivory mask speaks to the ancient presence of First Peoples in northern North America. One of the oldest surviving representations of the human face found in Canada, it is about 3.500 years old.

Nach so vielen Eindrücken und Informationen ist mein Geist leicht erschöpft. Im Café Express, im Untergeschoss des Museums, finde ich einen Platz am Fenster. Hier genieße ich den Blick auf die Rückseite des Parliament Hill, die National Gallery und das viele Wasser des Ottawa River und esse dabei gemütlich ein Sandwich.

Alexandra Bridge und National Gallery of Canada

Blick zum Parliament Hill

Auf der Fahrt in den Gatineau Park mit Vorfreude auf einen mittlerweile sonnigen Nachmittag mit kurzen Wanderungen werde ich jäh ausgebremst. Die Straße durch den Park ist im Winter gesperrt.
Winter? Es ist April, für mich nicht wirklich Winter, aber ich sehe eine Schranke vor mir und dahinter eine Straße und in der Ferne etwas Schnee.

Was jetzt?
Es bleibt mir keine andere Wahl als das Auto auf den Parkplatz der Welcome Area abzustellen und zu Fuß die nähere Umgebung zu erkunden.

In der Nähe stehende Wegweiser zeigen verschiedene kurze Trails, diese haben meist befestigte Wege und sind glücklicherweise ganzjährig zugänglich. Der Rundweg „Sentier des Pioneers" und der „Lac des Fées Pathway" beginnen in der Umgebung des Parkplatzes. Es ist schön, Bewegung zu haben, aber enttäuscht bin ich schon. So war das nicht geplant. Ich wollte doch den Nachmittag im Park verbringen. Zurück am Parkplatz sehe ich, wie eine Gruppe Fahrradfahrer einfach an der Schranke vorbei fährt. Ein Fahrrad wäre jetzt die Lösung. Doch woher nehmen?

Also Planänderung. Erst mal zurück zum B&B und überlegen, was tun. Charmaine ist zuhause und ich erzähle ihr die Story mit der gesperrten Straße. Sie empfiehlt mir einen Spaziergang am Rideau Canal und überrascht mich dann wieder mit einem Stück ihres leckeren Apfelkuchens.

Der Rideau Canal erscheint mir ein gutes Ziel und auch in unserem Viertel „The Glebe" gibt es viel Sehenswertes. Durch den Patterson's Creek Park schlendere ich zum Kanal und einige Zeit am Wasser entlang.
Als ich in der Ferne Grünflächen sehe, überquere ich die Straße und finde mich im Landsdowne Park wieder. Es ist einfach schön, dass die Sonne scheint und es macht Spaß, die Menschen dort zu beobachten wie sie ganz normale Dinge tun, wie Frisbee spielen, skaten, den Hund ausführen oder einfach faulenzen.

Langsam stellt sich ein Hungergefühl ein, mein Magen verlangt etwas „Richtiges" zu essen. Ich verlasse den Park und wandere kreuz und quer durch die Straßen.
Bei der Suche nach einem Platz zum Essen sehe ich kleine Läden, viele Arten von Restaurants und immer wieder Wandmalereien. Hier gefällt es mir, die kreative und vielfältige Atmosphäre des Viertels ist sehr angenehm und inspirierend.

Wo könnte es mir für mein Dinner gefallen? Draußen in der Sonne sitzen wäre schön. An der Bank Street finde ich ein geöffnetes Restaurant mit gemütlichen Plätzen in der Abendsonne. Hier bleibe ich zum Essen.

Die Augen geschlossen und die Nase in die Sonne gestreckt denke ich: „So könnte es bleiben".

Wandmalerei im Viertel „The Glebe"

Am liebsten würde ich noch einige Tage hier in Ottawa verbringen, doch meine Tour führt mich morgen weiter. Zufrieden mit dem Tag, aber leicht wehmütig wegen des Abschieds, schlendere ich langsam zurück zum B&B, um meinen Koffer zu packen.

Sonne und Wasser

Amy und John sind schon mit dem Frühstück fertig, als ich ins Zimmer komme. Bevor Sie nach Toronto fahren und Amy dann weiter nach Winnipeg fliegt, erzählt mir John noch schnell, dass sie gestern das besagte Haus gekauft haben. Amy sieht dabei nicht sehr glücklich aus. Ich gratuliere den beiden und wünsche ihnen für den Umzug und Start in Ottawa alles Gute, doch insgeheim frage ich mich, ob das Haus eine gute Entscheidung für sie war.

Auch für mich heißt es heute Abschied nehmen. Es fällt mir schwer. Charmaine ist allerliebst und umarmt mich zum Abschied. Falls ich nochmal nach Ottawa komme, möchte ich wieder hier übernachten.

Kurz vor 12 Uhr mittags komme ich im Zentrum von Smiths Falls an. Es ist heiß heute, ein blauer Himmel ohne Wolken und die Sonne strahlt. Die Straße Beckwitt Street ist menschenleer. Ich stelle das Auto auf einem Parkplatz an der Straße ab. Die warme Jacke verschwindet heute in den Untiefen des Kofferraums, der alle meine Habseligkeiten aufnimmt und doch nie voll wird. Langsam gehe ich die Straße mit Läden, Geschäften und Restaurants entlang. Nichts passiert.
Keine Menschenseele scheint unterwegs zu sein. Die Tür eines Tattoostudios steht offen, doch auch dort ist niemand zu sehen. Die Sonne steht am Zenit, ich komme mir vor wie im Western „High Noon" und warte nur darauf, dass ein vertrockneter Busch über die menschenleere Straße geweht wird. Doch es geschieht nichts.

Auf der Brücke über den Rideau River angelangt sehe ich aus der Ferne Autos kommen. Es gibt also doch Leben hier. Langsam gehe ich zurück und sehe von Weitem, wie eine Frau mein Auto fotografiert. Mysteriös. Verwundert frage ich mich was das soll. Am Auto angekommen, bemerkt mich die Frau und spricht mich an. Sie habe das Fahrzeug neben meinem Wagen fotografiert, ich solle mir keine Gedanken machen. Die Parkuhr dort ist abgelaufen und das wolle sie mit einem Foto beweisen. Die Person, der das Auto gehört, wirft nämlich nie Geld in die Parkuhr und das reicht ihr jetzt.

Puh, bei mir stehen noch zwei Minuten auf der Uhr. Da habe ich gerade noch mal Glück gehabt. Spontan beschließe ich, ohne Mittagessen weiterzufahren und woanders zu rasten.

Das nächste Ziel verhält sich mir gegenüber viel einladender.

Eigentlich müsste es eine Reise vor der Reise geben, denke ich, als ich durch die Stadt schlendere. Dann könnte man sich vorab die schönsten Orte für seine Tour aussuchen. Ich hätte mir Brockville zum Übernachten und für einige Tage Aufenthalt ausgesucht. Hier gefällt es mir. Direkte Lage am Wasser, ein kleines Zentrum mit belebten Läden und Restaurants, eine freundliche Frau in der Tourist Info und etwas Kultur zum Zeitvertreib. Als ich ein Café betrete, macht mir die Frau hinter der Theke als erstes ein Kompliment. Ihr gefällt mein T-Shirt und sie sagt, dass es mir gut steht und es so etwas hier in der Gegend leider nicht zu kaufen gibt. Das bestellte Sandwich schmeckt mit Kompliment noch besser, obwohl es so schon super schmeckt. Als Krönung, hängt auf der Toilette das weichste Toilettenpapier, das ich je in meinem Leben gefühlt habe.

Leider muss ich weiter, denn mein Tagesziel ist Gananoque. Das B&B dort ist das letzte, das ich von Deutschland aus reserviert hatte, danach gibt es keine fest geplante Route mehr.

Das Wetter ist so phänomenal, da muss ich einfach am Wasser entlangfahren. Der Thousand Islands Parkway verläuft direkt neben dem St.-Lorenz-Strom. Das Visitor Center auf der Strecke ist aufgrund der Winterpause noch geschlossen. Der Weg ans Wasser ist jedoch frei und da geh ich natürlich hin. Das Wasser ist so klar und einladend und es ist so warm heute, am liebsten würde ich jetzt reinspringen. Der Gedanke verschwindet sofort, als ich die Hand hinein strecke und die Kälte des Wassers spüre. Brrr, das ist ja eisig.

St.-Lorenz-Strom

In Gananoque angekommen, fahre ich direkt zum B&B und werde von Ken, meinem Host, erwartet. Seine Frau Tania ist gerade unterwegs, aber es ist alles vorbereitet. Ein schönes Zimmer mit einem extrem komfortablen Bett erwartet mich. Die Lage des B&B ist ebenso hervorragend, ich kann zu Fuß ans Wasser und in den Ort gehen. Also los.

Wann ist eine Insel eine Insel?

Am nächsten Morgen werkelt Tania in der Küche als ich in den Frühstücksraum komme. Sie begrüßt mich herzlich und fragt was ich Essen möchte. Nach Obst, Joghurt und Muffins entscheide ich mich für Rühreier. Da es nur ein Gedeck gibt, bin ich, wie es aussieht, der einzige Gast.

Damit ich nicht alleine frühstücken muss, setzt Ken sich zu mir. Er gibt mir viele Informationen und Tipps für meine Tagesgestaltung. In Gananoque werden im April noch keine Bootstouren zu den Thousand Islands angeboten, aber ab Ivy Lea startet eine Tour und auch der 1000 Islands Tower öffnet heute. Das sind schon mal zwei top Ziele. Es gibt nicht nur 1.000 Inseln sondern über 1.800 und alle sind unterschiedlich, von ganz klein bis ganz groß, sagt er. Doch es gibt auch Inseln, die keine Inseln sind.

Ähm was? Das verstehe ich nicht. Inseln die keine Inseln sind? Wann ist denn eine Insel eine Insel?, frage ich ihn.
Ken erläutert es mir. Felsen mit Erde gelten erst als Insel, wenn die Fläche über dem Wasserspiegel ganzjährig mindestens einen Quadratmeter beträgt und Bäume darauf wachsen. Kleinere Flächen oder solche ohne Baum gelten nicht als Insel. Die größte Insel ist Wolfe Island. Übrigens gibt es keine Insel, die genau auf der Grenze von Kanada und den USA liegt, es gibt also keine geteilte Insel. Vor Jahren, erzählt er weiter, habe auf der amerikanischen Seite ein Milliardär eine künstliche schwimmende Insel gebaut, um darauf zu wohnen. Damit sich so ein Vorgang nicht wiederholt, wurde das Anlegen von künstlichen Inseln verboten. Spannend!
Mal sehen, was der Tag noch so bringt.

In Ivy Lea angekommen, sind es noch 5 Minuten bis zur Abfahrt des Schiffes. Das nenne ich Timing. Angeboten wird eine 1-stündige Tour, für die ich mich spontan entscheide. Es gehen nur wenige Personen an Bord. Einige asiatische, italienische und amerikanische Touristen sind neben mir die einzigen Passagiere. So ist für alle mehr als genug Platz an Deck.

Thousand Island Bridge

Die Fahrt führt vorbei an Häusern, die im Wasser zu schwimmen scheinen, unter der Thousand Islands Bridge durch, an der St. Lawrence Statue vorbei, zwischen den vielen Inseln hindurch, bis zur Heart Island, einer herzförmigen Insel mit einem Schloss.

Heart Island mit Boldt Castle

Boldt Castle und weitere Gebäude, erfahren wir, wurden dort im Jahr 1900 von George C. Boldt als Zeichen seiner großen Liebe für seine Frau in Auftrag gegeben. Als der Bau 1904 kurz vor der Fertigstellung stand, verstarb seine Frau und er betrat die Insel nie wieder. Wie tragisch.
Nachdem wir die Insel umrundet und vom Wasser aus alles soweit Mögliche gesehen haben, geht es zurück nach Ivy Lea.

Jetzt möchte ich zum 1.000 Islands Tower auf Hill Island. Der Turm war vom Schiff aus zu sehen und bietet einen 360°-Ausblick über die vielen Inseln. Nach ein paar Minuten Autofahrt und einer Brücken-Gebühr von 5 Can$ bin ich da. Heute ist Saisonstart und dadurch gibt es auch hier kaum Besucher. Ken hatte mir morgens noch erzählt, dass der Turm vor einigen Jahren von einem deutschen Ehepaar gekauft wurde.

Beim Betreten des Turms, höre ich eine Frau Englisch mit deutschem Akzent sprechen. Wie ich mitbekomme, führt sie mit einem Mann ein Vorstellungsgespräch. Gesucht wird für diese Saison eine Art Hausmeister, der handwerklich begabt ist, aber auch Führungen übernehmen oder mal an der Kasse einspringen kann. Wie die beiden verbleiben und ob sie handelseinig werden bekomme ich leider nicht mit, da ich viel zu schnell mein Ticket bekomme und sofort mit dem Fahrstuhl nach oben fahren kann.

Obwohl sich der Himmel etwas zugezogen hat, ist der Ausblick sehr schön. Schön ist auch ein Gefühl für die Größe und scheinbar unendliche Weite des Landes zu bekommen. Weniger schön ist der starke Wind, der mich fast vom Dach fegt. Eine Etage tiefer befindet sich eine mit Fenstern geschlossene Plattform. Hier müht sich ein junger Mann auf einer hohen Leiter ab. Mehr oder weniger geschickt schwingt er den Lappen und gibt sich unendliche Mühe, die ganzen Fenster streifenfrei zu putzen, um jedem Besucher einen optimalen Ausblick zu bieten. Was für eine Arbeit bei dieser Menge an Fenstern!

Von Inseln habe ich für heute genug und beschließe ins Landesinnere zu fahren. Mal schauen was es dort so zu sehen gibt. Beim Blick auf die Straßenkarte, entscheide mich erst mal für Lyndhurst und programmiere das Navi. Auf der Fahrt dahin komme ich am Charleston Lake Provincial Park vorbei. Leider ist der Park, aufgrund der vielen Niederschläge in den letzten Wochen, geschlossen. Heute ist es wieder warm und sonnig und auch die Wolken verziehen sich langsam. Lyndhurst ist nicht wirklich groß und es gibt nichts Besonderes zu tun, aber gerade dieses normale Leben fernab des Tourismus gefällt mir.
Im ortsansässigen Laden stöbere ich durch die Regale, kaufe ein Sandwich, Obst und Wasser und falle als unbekanntes Gesicht auf.

Straße in Lyndhurst

Ein Picknick wäre jetzt schön. Aber wo? Am Wasser?!
Also los nach Charleston, an den Lake.

Charleston ist ein kleiner Ort und Parkplätze gibt es überall genug. Die Straße ins Dorf führt direkt an den See. Außer einem Mann und einer

Frau, die dabei sind ein Boot zu Wasser zu lassen, sehe ich niemand. Ein langer Holzsteg führt auf's Wasser und darauf steht ganz vorne eine Bank. Der optimale Platz für mein Picknick. Ein schöner Ausblick auf den See bietet sich mir von dort.
Das Paar fährt mit seinem Boot an mir vorbei und als es aus meinem Sichtfeld verschwindet, wird es ganz ruhig um mich herum. Außer Wellen und Wind ist nichts zu hören. Ich schließe die Augen und genieße das leise Plätschern der Wellen und die Wärme der Sonne auf meinem Gesicht.

Satt und zufrieden schlendere ich umher, schaue mir den kleinen Yachthafen an und laufe ein Stück die Straße entlang. Im Sommer ist hier bestimmt viel los, jetzt habe ich alles fast für mich alleine.

Weiter geht es nach Athens, das schon größer, belebter und irgendwie neuer ist, aber auch nicht so wirklich viel anbietet. Mir gefällt es, einfach den Ort und die Häuser anzuschauen und das kanadische Landleben auf mich wirken zu lassen. Hier läuft mal jemand über die Straße, dort wird ein Rasen gemäht, ein Auto fährt vorbei, mehr passiert nicht. Das Leben in Deutschland in kleinen Dörfern auf dem Land gestaltet sich nicht viel anders.

Zurück möchte ich eine andere Strecke nehmen und fahre gemütlich über Land in Richtung Mallorytown und dann auf dem Highway weiter nach Gananoque.

Der laue Abend zieht mich ans Wasser, genauer an den Joel Stone Park und Beach. Hier sehe ich Familien mit Kindern, die sich auf dem Spielplatz vergnügen, einzelne Männer die in ihren Autos sitzen und essend auf's Wasser schauen und ein junges Pärchen, das kuschelnd auf einer Bank sitzt. Der Himmel färbt sich zart rosa und alles wirkt wie ein friedliches Gemälde.

Auf dem Weg zurück zur Unterkunft bemerke ich, dass meine Jacke mit Unmengen von kleinen schwarzen Fliegen bedeckt ist. Im B&B frage ich Ken nach diesem Phänomen. Er lacht und sagt, dass die kleinen Fliegen im Frühjahr für einige Tage die Gegend überfallen und dann sterben. Sie werden in der Dämmerung aktiv, stechen aber nicht. Glücklicherweise sind es nicht die berüchtigten Black Flies.

Den Loyalisten Parkway entlang

Um in der unendlichen kanadischen Wildnis nicht ohne Benzin dazustehen, beschließe ich immer frühzeitig zu tanken. Frühzeitig bedeutet für mich, wenn der Tank noch so etwa halb voll ist. Heute Morgen, nach dem Abschied von Tania und Ken, ist es soweit. Ich fahre zielstrebig zur nächsten Tankstelle. Das Abenteuer Tanken beginnt.

Auf welcher Seite sich der Tankdeckel befindet habe ich mir gemerkt und so fahre ich routiniert an die Zapfsäule. Ein Aufkleber sagt mir, dass man nach dem Tanken im Office mit Kreditkarten bezahlen kann, so habe ich mir das gewünscht, also alles easy ...

Ich drücke auf den Tankdeckel und es geschieht nichts. Abgeschlossen kann er nicht sein, es ist kein Schloss sichtbar. Also drücke ich nochmal und wieder geschieht nichts. Drücken, ziehen, klopfen, zerren - es bringt alles nichts. Der Deckel weigert sich hartnäckig aufzugehen.
Ah, Moment, es gibt doch so einen Entriegelungshebel im Fahrerbereich. Doch auch dort finde ich nichts, um den Deckel zu öffnen.
Gegenüber betankt ein Mann um die 30 sein Fahrzeug. Ihn frage ich um Rat. Als freundlicher Kanadier hilft er mir sofort. Na ja, fast. Auch er drückt, zieht, klopft und zerrt am Deckel und auch bei ihm geschieht nichts. Innen muss eine Entriegelung sein, meint er irgendwann und öffnet energisch die Fahrertür. Ja, soweit war ich auch schon. Er schaut und sucht und sucht und schaut und schüttelt schließlich den Kopf und zuckt mit den Schultern.

Hinter meinem Auto hat sich mittlerweile eine Schlange mit tankwilligen Autofahrern gebildet und so langsam wird mir die Situation etwas unangenehm. Ich befürchte, dass jeden Moment ein Hupkonzert beginnt. Auf einmal kommt Bewegung in die Schlange. Eine Fahrertür wird geöffnet, eine Frau steigt aus und kommt auf uns zu. Ich fange an zu schwitzen. Bekomme ich jetzt meinen ersten kanadischen Anschiss? Nein. Freundlich fragt die Frau, ob wir den Knopf zum Öffnen des Tankdeckels suchten. „Ähm, well, yes", sage ich etwas verschämt. Kann die Frau hellsehen?
Die Realität ist dann doch nicht ganz so spektakulär. Sie fährt zufällig das gleiche Modell wie mein Mietwagen eines ist und kennt das Dilemma des unsichtbaren Entriegelungsknopfes. Gekonnt beugt sie sich in den Mietwagen, drückt an der richtigen Stelle den richtigen Knopf und - schwupps! - springt der Deckel auf. Gelassen zeigt sie mir den Wunderknopf des Tankdeckels. Erleichtert bedanke ich mich und strahle sie an.
Jetzt schnell tanken, bezahlen und weg.

Die Erkenntnis des Tages lautet für mich: Bei zukünftigen Problemen mit dem Mietwagen werde ich nicht Männer um die 30, sondern Frauen um die 40 um Rat fragen.

Endlich kann ich starten. Kingston, das erste Ziel des Tages, ist nur 30 km entfernt und schnell erreicht. Die Stadt ist größer als Gananoque und geschäftig. Sie hat für viele Arten von Zerstreuung etwas zu bieten. Ich schlendere durch die Innenstadt, schaue mir das ein und andere an und esse eine Kleinigkeit. Hinter Kingston beginnt der Loyalisten Parkway der am Wasser entlang und durch kleine Orte führt. Ihm folge ich bis nach Adolphustown zur Fähre nach Glenora. Es ist ein sogenannter Scenic Drive und gleichzeitig ein lebendiges Andenken an die loyalistischen Siedler. Neben der Straße verläuft ein Radweg und es bieten sich vielen Möglichkeiten einen Stopp einzulegen. Leider zieht sich der Himmel zu und es beginnt leicht zu nieseln. Die Pause am Wasser fällt somit aus. Doch mein Timing ist heute mal wieder top: An der Fähre angekommen, geht es sofort los. Die Fahrt ist kurz. Bei der Ankunft auf der anderen Seite sehe ich ein Hinweisschild zum Lake On The Mountain, da fahre ich doch gleich mal hin. Wie der Name schon sagt, finde ich einen See auf einem Berg. Ganz schön, aber hier nicht wirklich außergewöhnlich, da gefühlt fast jedes Dorf einen See in der Nähe hat oder am Wasser liegt. Auf dem Berg ist wahrscheinlich die Besonderheit.

Blick von der Straße gegenüber dem Lake On The Mountain

Gegenüber dem See an der Straße bietet sich ein Ausblick auf die Bay Of Quinte in Richtung Adolphustown.

Später in Picton fällt das Sightseeing wegen Regen und Wind sehr kurz aus.

Lieber setze ich mich ins Café, esse mal wieder einen Carrot Cake und beobachte die Gäste. Einige Tische weiter sitzt ein Mann mit einem Pott Kaffee und schläft. Die Frau hinter dem Tresen geht immer mal wieder zu ihm hin und spricht ihn leise und freundlich an. Er macht die Augen auf, trinkt einen Schluck Kaffee und kaum ist die Frau weg, fallen ihm seine Augen auch schon wieder zu. Die Atmosphäre ist angenehm warm und irgendwie kuschelig.

Café in Picton

Bis Trenton folge ich im Prince Edward County dem Loyalisten Parkway. Die Landschaft ist für mich überschaubar europäisch mit Weinanbau, Ackerland und natürlich Wasser. Hier kann man einen unaufgeregten Urlaub verbringen. Die Tage lassen sich mit Tierbeobachtung, Fischen oder Wanderungen füllen und im Sommer werden sogar kulturelle Aktivitäten angeboten.

Die letzten Tage saß ich abends auf dem Bett mit meiner ausgebreiteten Straßenkarte und plante die nächste Station auf meiner Route. Mittels dem im B&B verfügbaren WLAN hatte ich per E-Mail meine Unterkunft in Cobourg gebucht. Ein kleines Hotel wartet heute auf mich. Ab Trenton führt mein Weg deshalb über die County Road 2 nach Cobourg.

Cobourg Beach

Normalerweise ist Cobourg eine ganz einladende Kleinstadt, mit breitem Strand, einem Hafen und verschiedenen Geschäften und Restaurants. Heute jedoch zeigen wieder mal Wetter und Wasser ihr raues Gesicht - auch irgendwie schön.

Als es dunkel wird, schlendere ich die King Street entlang um ein Restaurant zum Essen zu finden. Ich habe Glück, das von mir präferierte kanadische Restaurant ist zwar gut gefüllt und viele Plätze sind reserviert, doch als Alleinreisende bekomme ich von der Kellnerin einen angenehmen Platz mittendrin zugewiesen. Es stellt sich heraus, dass das Restaurant eine gute Wahl war, denn der homemade Burger schmeckt phantastisch.

Nach dem Essen steht die Entscheidung über den weiteren Verlauf meiner Tour und das nächste Übernachtungsziel an.

Toronto oder nicht Toronto, das ist hier die Frage.

Verkehr

Der Wetterbericht heute Morgen hat Regen vorhergesagt. Toronto lasse ich deshalb ausfallen und fahre direkt nach Niagara On The Lake. Der Ort wurde mir wegen seines schönen Zentrums und seiner Lage in der Nähe der Niagara Falls von Lucas empfohlen. Kaum auf dem Highway fängt es richtig an zu regnen. Die Strecke ist nicht besonders schön, aber das macht mir nichts aus. Da ich mich sehr auf den immer stärker werdenden Verkehr konzentrieren muss, hätte ich sowieso keine Zeit mir die Umgebung anzuschauen.

Im Großraum Toronto wird es dann richtig heftig. Es gibt zwar den Highway 407 eine ETR (Express Toll Road), doch die meisten Kanadier fahren die gebührenfreien Highways, genau wie ich auch.

Der Masse an Fahrzeugen angepasst schlängeln sich bis zu neun Fahrspuren pro Richtung um die Metropole. Das Navi zeigt mir zwar den Weg an, aber mal gehen 2 Spuren von rechts ab, dann kommen wieder drei hinzu, es ist ein Wechselspiel an Spuren und Fahrzeugen. Die für europäische Verhältnisse riesigen Trucks brettern links und rechts an mir vorbei. Anscheinend kennen sich hier alle aus und wissen genau, wo sie fahren müssen, auch ohne die Fahrspuren zu sehen. Ich fühle mich im Ozean des Verkehrs mit Wasser von allen Seiten, wie in einer Nussschale bei strömendem Regen auf dem Meer.

Den Blick starr nach vorne gerichtet, ohne Radio als Ablenkung, manövriere ich mein Fahrzeug durch das nasse Getümmel. Ab Oakville wird sowohl der Verkehr als auch mein Herzschlag langsam ruhiger und nach Burlington ist die Menge an Fahrzeugen wieder überschaubar.

Den Abstecher nach Port Dalhousie hätte ich mir bei diesem Wetter sparen können. Im Zentrum von St. Catherines renne ich wie alle anderen durch den Regen. Glücklicherweise hat eine Bio-Fast-Food-Suppenküche geöffnet. Etwas Warmes kann ich jetzt brauchen.

Trotz „Bio" im Namen bekommt man die Suppe in einem Plastikpott mit Plastiklöffel und das Ganze schmeckt irgendwie nach Brühwürfel. Wahrscheinlich sind das liebevoll handgeformte Bio-Brühwürfel aus glücklich, freiwachsendem Gemüse.

Ja ja, meine Laune war auch schon besser.

Nach wenigen Kilometern erreiche ich das B&B für die nächsten Tage. Zwei Übernachtungen habe ich erst mal eingeplant. Da ich etwas früher als vereinbart ankomme, hoffe ich, dass jemand zu Hause ist.
Einige Sekunden nachdem ich geklingelt habe, öffnet mir eine Frau die Tür. Geschafft.

Das Haus ist recht neu, modern und geschmackvoll eingerichtet. Mein Zimmer wirkt gemütlich und komfortabel und hat ein großes Badezimmer und das Beste: Nicky, meine Gastgeberin ist herzlich und fürsorglich.
Bei einem Tee erzähle ich Nicky, dass ich morgen zu den Niagara Fällen möchte und frage sie nach der Wettervorhersage. Sie schaut etwas betrübt: „Die ist für morgen leider auch nicht gerade berauschend".
Nach dem teilweisen Auspacken des Koffers lege ich mich erst mal für eine Stunde ins Bett und hoffe, danach vielleicht ein wenig blauen Himmel zu sehen. Doch keine Chance. Es regnet weiter. So vertreibe ich mir den restlichen Nachmittag und Abend mit Essen: Schokokuchen, um meine Laune zu verbessern und scharfes Thai-Food, um innerlich warm zu werden.

Am nächsten Tag ist das Wetter immer noch durchwachsen. Während der Regenlücken schaue ich mir den Ort an, der wirklich sehr schön ist und bei guter Fernsicht vom Park aus sogar einen Blick auf Toronto bietet.

Blick über den Lake Ontario nach Toronto

Auch die nähere Umgebung lässt sich mittels Fahrzeug und Regenjacke erkunden. Meinen Aufenthalt kann ich um eine Nacht verlängern und zum Frühstück am nächsten Tag darf ich mir von Nicky etwas wünschen. Ich wünsche mir Pancakes und Sonne.

Die Niagara Fälle bei Dauerregen zu sehen wäre echt schlimm.

Wow!

Manchmal gehen Wünsche sofort in Erfüllung!

Der nächste Morgen ist unglaublich. Ein wunderbares Frühstück mit Pancakes und allem was das Herz begehrt und dazu ein strahlend blauer Himmel ohne Wolken. Nicky ist ein Schatz und setzt sich, wie schon die Morgen zuvor, zu mir, da ich auch hier der einzige Gast bin. Das ist sehr angenehm und kurzweilig und ich erfahre einiges über das kanadische Alltagsleben.

Doch heute zieht es mich schnell nach draußen. Der Niagara Parkway führt am Niagara River entlang in Richtung Niagara Falls. Da ich früh unterwegs bin, schaue ich mir zuerst den Queenston Heights Park an. Drei Arbeiter, vermutlich von der Stadt, sind dabei die Wege zu säubern und die Grünanlagen für den bevorstehenden Start der Saison vorzubereiten.

Als nächstes lege ich einen kurzen Stopp bei der Floral Clock ein, einer riesigen Blumenuhr. Dort sehe ich ein Fahrzeug mit asiatischen Touristen das nur kurz anhält, um den Insassen die Möglichkeit zu geben, für einen maximal 20 Sekunden dauernden Fotostopp auszusteigen. Nach einigen schnellen Klicks fährt die Gruppe sofort weiter. Ganz anders eine junge Frau mit großer Kamera-Ausrüstung. Sie lässt sich Zeit und betrachtet die Uhr erst eingehend von allen Seiten, bevor sie das erste Foto schießt.

In der Stadt angekommen, fahre ich an den links liegenden Fällen und dem schönen Gebäude der etwas entfernter liegenden Toronto Power Generating Station vorbei und biege dann rechts ab auf den Rapidsview Parkplatz. Hier ist alles sehr entspannt. Bei der Einfahrt gibt mir die nette Frau im Kassenhäuschen eine Infobroschüre zur Umgebung und auf dem Gelände sind genügend Parkplätze frei.

Langsam schlendere ich in Richtung der Falls. Die Gischt und die Kraft des Wassers sind schon von weitem sichtbar und beeindruckend. Die Wassermassen die heranstürmen, um sich später über den Rand zu stürzen, sind gewaltig und scheinen alles zu überrollen. Für mich sieht es aus, als ob jemand den Stöpsel eines riesigen Abflusses gezogen hätte und das Wasser darin verschwinden würde.

Direkt an den kanadischen Horseshoe Falls ist die enorme Energie körperlich spürbar. Wow, was für ein Erlebnis! Als Mensch fühle ich mich gegenüber dieser Naturgewalt recht unbedeutend.

Horseshoe Falls in Kanada

Ich möchte noch näher ran ans Wasser und mache die Tour „Journey Behind the Falls". Im Fahrstuhl geht's nach unten. Ein Mitarbeiter erklärt, was es wo zu sehen gibt, und was man darf und was man tunlichst lassen sollte. Er verteilt gelbe Regencapes, da es eine nasse Angelegenheit wird. Unten am Fuß der Fälle angekommen, teilt sich der Weg.

Zur einen Seite in einen Gang mit Infotafeln und kurzen Abzweigungen nahe an die Rückseite der Falls. Dort ist es feucht und laut. Ein weiterer Gang zeigt, wie die Gänge früher ausgesehen haben: eng, steinig und nur mit Holz abgestützt. Dagegen sind die heutigen Gänge luxuriös.

Der andere Weg führt zur Aussichtsplattform. Dort hat man sowohl einen seitlichen, als auch direkten Blick auf die Wassermassen. Was für ein Bild! Mir gefällt es, so nah dran zu sein. Ich mache wegen der Nässe und des einmaligen Erlebnisses wenige Fotos und speichere das Ganze lieber auf meiner Erinnerungsfestplatte im Gehirn ab. Zum Glück habe ich die Tour zu den Falls gemacht. Vor der Reise hatte ich noch überlegt, ob das Ganze nicht zu touristisch für mich ist. Im Sommer mit den Menschenmassen wäre es kein Ziel für mich. Doch jetzt im Frühling ist es eine unvergessliche Tour, mit wenig Touristen und phänomenalem Wetter!

Nachdem ich unten am Wasser war, möchte ich jetzt in die Luft und alles von oben sehen. Also auf zum Skylon Tower, der nach einem kurzen Spaziergang erreicht ist. Im Gebäude, einem flachen Eingangsbereich rund um den Turm, fühle ich mich nach Las Vegas versetzt.
So extrem wie in Las Vegas ist es natürlich nicht, aber der Wechsel

zwischen der Natur draußen und der Vergnügungsfläche drinnen ist enorm. Im Dunkeln ist es laut und es blitzt und blinkt überall und das, obwohl noch gar nicht alle Fahrgeschäfte und Spielcomputer in Betrieb sind. Schnell weiter nach oben.

Da gerade Mittagszeit ist, fahren die meisten der wenigen Besucher zum Restaurant. Mich zieht es zur Aussichtsplattform. Ich bin glücklich, hier zu sein. Zwei Frauen mit professioneller Fotoausrüstung bieten an, mich mit Ausblick auf die Falls zu fotografieren. Wenn fremde Menschen einen fotografieren, ist es später immer eine Überraschung zu sehen, was auf den Fotos abgebildet ist. Oft werden Arme oder Beine abgeschnitten, man ist riesig groß oder verschwindend klein. Doch die Frau hat ein gutes Auge und meine Arme sind beide mit auf dem Bild.

Nachdem ich die Aussicht in meine Erinnerungen eingesaugt habe, fahre ich nach unten, um Pause zu machen und etwas zu essen. Ich finde einen ruhigen Platz in der Sonne.
Später laufe ich einfach in der Gegend umher: zur Rainbow Bridge in die USA, zur Straße der vielen Hotels und am Wasser entlang in Richtung Parkplatz.

Etwas abseits der Falls ist es wie in einer anderen Welt. Ruhig, fast einsam, mit schönem Blick zur Stadt. Verlassene Brücken, verwunschen wirkende Grünflächen und einzelne Bänke laden zum Verweilen ein.

Blick auf die Stadt Niagara Falls in Kanada

Zurück in Niagara On The Lake fahre ich in die Innenstadt und schaue mir den Ort nochmal bei Sonnenschein an. Im Queen's Royal Park wird ein interessantes Schauspiel geboten. Ein Hochzeitspaar asiatischer Abstammung lässt sich fotografieren. Dies ist für uns Zuschauer sehr unterhaltsam, für das Paar und die Foto-Crew jedoch harte Arbeit. Gleich zwei Fotografen probieren aus unterschiedlichen Perspektiven, perfekte Fotos zu schießen. Eine Assistentin kümmert sich dabei um die optimale Flugbahn des langen Schleiers, indem sie ihn kurz bevor die Fotografen abdrücken schwungvoll nach oben wirft, um dann sofort aus der Bildkomposition zu rennen. Das ganze Spektakel wird etliche Male in unterschiedlichen Posen wiederholt bis die Fotografen irgendwann zufrieden sind.

Brautpaar im Queen's Royal Park in Niagara On The Lake

Ein Stück weiter genieße ich den Ausblick in Richtung Toronto und freue mich, einfach so die Zeit zu verbummeln.

Als es dämmrig wird, schlendere ich durch Seitenstraßen mit schönen Häusern und Gärten zurück zur Picton Street, um in einem Restaurant zu Abend zu essen.

Wo bin ich?

Der nächste Morgen ist mal wieder bewölkt und trüb, aber wenigstens trocken. Bevor es weitergeht steht Bargeld bei einer Bank kaufen und mich von Nicky verabschieden auf dem Zettel. Es fällt mir mal wieder schwer, weiterzureisen, da Nicky so ein toller und herzlicher Mensch ist und die Unterkunft sehr schön und komfortabel war.

Bis Hamilton hält sich das trübe Wetter, dann beginnt es leicht zu nieseln. Auf dem Highway in Richtung Windsor fühle ich mich wie aus der Welt gefallen.

Es regnet jetzt stark, die Sicht ist schlecht, die großen Trucks donnern links an mir vorbei und durch das dabei aufspritzende Wasser ist die Sicht teilweise völlig weg. Obwohl es Mittagszeit ist, zeigt sich rechts und links der Straße nur Nebel und Düsternis. Ich habe keine Ahnung durch welche Art Landschaft ich gerade fahre und fühle mich wie im Nirgendwo. Die permanente Konzentration ist anstrengend und als eine ONroute Raststätte angezeigt wird fahre ich raus.

Der Weg vom Parkplatz zur Raststätte reicht, um nass zu werden. Es ist kalt und windig. Mit Kaffee und Muffin probiere ich meine Laune zu verbessern, leider ohne großen Erfolg. Solange es so heftig regnet, werde ich keine Fotos machen - ich möchte mich zuhause nicht dauernd an diese Sintflut erinnern.

Also schnell weiter zu meiner heutigen Station in der Nähe des Point Pelee National Parks. Ich habe mir vorab verschiedene Hotels und B&Bs auf der Strecke herausgesucht, aber nichts fest gebucht. Da die Saison noch nicht angefangen hat, finde ich bestimmt leicht ein Zimmer.
Kaum habe ich den Highway in Richtung Leamington/Kingsville verlassen, fahre ich über einsame Landstraßen ohne jeglichen Verkehr. Durch eine unsichtbare Welt und an einem im Nebel verschwundenen Lake Erie entlang. So fühlt man sich bestimmt, als letzter Mensch auf Erden, schießt es mir durch den Kopf.

Die Hotels, die in der Nebelsuppe auftauchen, zeigen mir beim vorbei fahren Schilder mit „No Vacancies". Hm, komisch, aber kein Problem, dann fahre ich eben weiter zu einem kleineren Stadthotel in Kingsville.

Der Regen ist noch stärker geworden. Er brasselt unaufhörlich auf das Auto und die Scheibenwischer haben Probleme die Wassermassen zu bewältigen. Ich bin so froh, als ich endlich am Hotel ankomme und einen Parkplatz finde. Noch ein kurzer Spurt zur Tür und ich bin da.

Als ich das Hotel betrete umhüllt mich sofort eine wohlige Wärme und angenehme Stille. Hier möchte ich bleiben. Da niemand da ist, drücke ich kurz auf die Klingel an der Rezeption und nach einigen Minuten kommt ein Mann aus einem angrenzenden Raum und fragt, was ich möchte. Ob er ein freies Zimmer für zwei Nächte hat, frage ich ihn. Er schaut kurz in seinen Computer und sagt: „Leider nicht".

Was???

Das kann und darf nicht sein. Ich bin so müde durch die Fahrt und den Dauerregen. Außerdem ist mir immer noch kalt. Ich möchte jetzt sofort ein Zimmer. Doch es gibt für mich keine Chance auf Erfolg. „Der ganze Ort und auch die Unterkünfte in der Nähe sind ausgebucht", sagt der Mann. Das will ich doch gar nicht hören.

„Es ist Mai und Bird Season", erklärt er mir, „da bekommt man kurzfristig keine Zimmer mehr. Vogelkundler aus der ganzen Welt treffen sich hier, um in den National Park zu gehen und die Zugvögel zu beobachten."
Am liebsten würde ich einfach losheulen, so fertig bin ich gerade. Doch das hilft mir nicht. Leider kann ich mir kein Zimmer herbeizaubern. In meinem Kopf rattert es, ich überlege schnell welche Optionen es gibt und was ich vor Ort noch tun kann, um eine Unterkunft zu finden. Ich entscheide mich, direkt weiter nach Windsor zu fahren. Der Mann an der Rezeption ist sehr hilfsbereit und bietet mir an, im Internet zu schauen, ob es dort freie Zimmer gibt. Die Hotelsuche zeigt ein Inn mit freien Zimmern. Ich bedanke mich und mache mich sofort auf den Weg.

Kurz vor Windsor gerate ich in die abendliche Rush Hour. Eine lange Spur von Lichtern kommt mir entgegen. Das Hotel ist leicht zu finden, es liegt in der Nähe von Supermärkten und Fast Food Restaurants am Rande der Stadt. Die Frau an der Rezeption sagt, dass sie noch einige freie Zimmer hat. Erleichtert buche ich sofort für zwei Nächte. Das Zimmer ist modern und gemütlich eingerichtet mit einem neuen Bad und einem großen Bett. Genau das brauche ich jetzt.

Nachdem ich mein Gepäck aus dem Auto geholt und meine nassen Sachen aufgehängt habe, lege ich mich erst mal eine Stunde hin.

Am liebsten würde ich den Abend einfach im Bett verbringen. Ich habe keine Lust, schon wieder nass zu werden. Doch mein Magen knurrt, ich habe Hunger und außer einer Banane nichts mehr zu essen. Mist! Ignoriere ich das laute Knurren oder raffe ich mich auf und gehe noch mal raus?

Nach einer weiteren halben Stunde im Bett bleibt mir nichts anderes übrig, als aufzustehen, mich anzuziehen und mich auf die Suche nach etwas Essbarem zu machen.
Da es mittlerweile waagrecht regnet und zum Dauerregen auch noch Sturm gekommen ist, fahre ich die kurze Strecke ausnahmsweise mit dem Auto.

In einem Supermarkt möchte ich mir nur schnell ein Sandwich kaufen, um dann sofort wieder ins Hotel zu fahren und gemütlich im Bett zu essen. Doch der Supermarkt entpuppt sich als riesige Halle, in der von Unterhosen über Fernseher bis zu unzähligen Milchvarianten allerhand Kleidung, Haushaltswaren, Elektronikartikel und Lebensmittel angeboten werden. Alles in großen Größen oder in übergroßen Verpackungseinheiten. Ein einzelnes belegtes Sandwich für mich gibt es hier leider nicht.

Das Areal ist groß und glücklicherweise befinden sich noch weitere Geschäfte und sogar Restaurants in der Nähe des Parkplatzes. Ich sprinte durch den Regen, an den Läden vorbei und sehe neben einem Fast Food Restaurant ein richtiges asiatisches Restaurant. Die Leuchtreklame „open" strahlt hell. Es hat geöffnet und einige Tische sind noch frei. Die Bedienung ist sehr freundlich und lächelt konstant. Sie gibt mir einen Tisch am Fenster. So habe ich während des Essens einen besonders guten Blick auf den Regen da draußen.

Das Essen ist heiß und schmeckt gut. Während ich eine Suppe als Vorspeise und innere Heizung zu mir nehme, beobachte ich die anderen Gäste. Zwei Tische weiter sitzen vier Personen die wenig miteinander sprechen, dafür aber schnell und viel essen. Daneben sehe ich zwei junge Männer die ebenfalls schweigend essen. In der linken Hand hat jeder die Gabel und rechts das Smartphone. Sie merken im Grunde gar nicht, was sie essen, so sehr sind sie mit dem Schreiben von Nachrichten beschäftigt.

Nur eine lebhafte asiatische Großfamilie an einem großen runden Tisch bringt Schwung und Leben ins Restaurant. Sie reden ohne Punkt und Komma durcheinander und lachen und sind ganz im Hier und Jetzt. Das ist ein schöner Anblick für mich.

Nach der Hauptspeise bin ich satt und zufrieden und fahre zurück zum Hotel. Für heute habe ich genug. Auf meinem Zimmer verbringe ich den Abend damit, gemütlich im riesigen Bett zu liegen und ausgiebig das kanadische Fernsehprogramm durchzuzappen. Unzählige Sender, doch ein interessantes oder spannendes Programm ist nicht wirklich dabei. Dafür viele Koch- und Wohn-Sendungen mit zahllosen Werbeunterbrechungen und diverse regionale Nachrichtensendungen.

Beim regionalen Wetterchannel bleibe ich hängen. Die freundlich lächelnde Moderatorin spricht bei ihrer Wettervorhersage von einer außergewöhnlichen Wetterlage mit ergiebigem Dauerregen. Stimmt, das kann ich absolut bestätigen! In einigen Gegenden hat es schlimme Überschwemmungen gegeben und auch in den nächsten Tagen ist laut ihrer Prognose keine Wetterbesserung in Sicht. Die eingespielten Reportagen zeigen Häuser im Wasser und großflächig überschwemmte Straßen und Felder. Das sieht übel aus. Als Touristin habe ich es da einfach, ich kann im Notfall schnell weiterfahren.

Den Point Pelee National Park lasse ich schweren Herzens ausfallen. Bei Regen durch einen matschigen Park zu wandern, darauf habe ich keine Lust. Stattdessen beschließe ich am nächsten Tag in die USA zu fahren und ins Henry Ford Museum zu gehen. Ein Besuch im Museum ist genau das Richtige bei Regen.

In die USA

Die Frau in der Wettervorhersage gestern hat leider Recht behalten: Es regnet noch immer. Um keine Schwierigkeiten bei der Einreise in die USA zu bekommen, leere ich zuerst das Auto, bevor ich losfahre und mich in den Dauerregen stürze. Außer einigen Wasserflaschen und meiner Regenjacke befindet sich nichts mehr im Kofferraum oder auf der Rückbank. Nur meine Kamera und die Handtasche mit Ausweis und Portemonnaie nehme ich mit. Mein Weg führt mich mittels Navi zur Ambassador Bridge, die mit vielen Baustellen gespickt ist. An der kanadischen Grenze werde ich flott durchgewunken um mich gleich danach an der US-amerikanischen Grenze in die PKW-Schlange einzureihen.

Am Grenzhäuschen angekommen, fragt mich der darin sitzende kräftige Mann so um die 50, warum ich in die USA einreisen möchte und ob ich eine Einreisegenehmigung hätte. „Ich möchte ins Henry Ford Museum und habe keine Einreisegenehmigung", erkläre ich ihm.

„No problem". Etwas behäbig kommt er aus seinem Häuschen heraus und sagt freundlich, ich solle hinter ihm her fahren. Der Weg führt zu einer Art Tankstelle ohne Zapfsäulen. Dort stoppt der Mann und sagt mir, dass ich das Auto abstellen soll. Der Schlüssel und alle Gegenstände außer meinem Portemonnaie müssen im Auto bleiben. Darüber hinaus soll ich alle Türen, den Kofferraum und die Motorhaube öffnen und offenlassen. Ich frage, ob ich meine Kamera mitnehmen darf, doch das wird mir verboten. Sie muss im Auto bleiben. Wahrscheinlich wollen sich die Beamten die von mir gemachten Fotos anschauen. Ich muss aussteigen und dem Mann in ein angrenzendes Gebäude folgen.

Hier sitzen schon eine wahrscheinlich mexikanische Familie mit zwei Kindern, ein Paar mittleren Alters sowie vier einzelne Männer unterschiedlicher Herkunft zwischen 20 und 60 Jahren. Der Raum ist gut ausgeleuchtet und wird mit mehreren Kameras überwacht. In eine auf einer Theke ausliegenden Liste soll ich meinen Namen eintragen und dann warten. Ich sehe eine Tür mit einem Toilettenschild und möchte hinein, doch die Tür ist abgeschlossen und ein großes Schild weist mich darauf hin, dass die Toilette nur nach vorheriger Genehmigung benutzt werden darf.

Also frage ich einen Officer und er gestattet mir, die Toilette zu benutzen. Im Raum hoffe ich inständig, nicht videoüberwacht zu werden. Beim Pinkeln von der amerikanischen Polizei beobachtet oder gefilmt zu werden ist so gar kein angenehmer Gedanke. Wieder draußen setze ich mich zu den Wartenden und bin gespannt, was jetzt passiert. Nach ca. 15 Minuten wird mein Name aufgerufen. Ich bekomme ein Formular zum Ausfüllen. Nachdem ich es zurückgegeben habe, kommt ca. 5 Minuten später ein weiblicher Officer und ruft meinen Namen auf.

Ich gehe zu ihr an die Theke und sie fragt mich, wie ich heiße und woher ich komme. Ich sage freundlich meinen Namen und frage, ob sie das Hotel wissen möchte oder mein Herkunftsland. Sie gibt mir keine Antwort, sondern fragt wieder, woher ich komme. Ich sage ursprünglich aus Deutschland und jetzt von einem Hotel in Windsor. Wie das Hotel heißt, möchte sie nun wissen. Danach fragt sie mich, was ich beruflich mache und warum ich in die USA reisen möchte. Ich sage ihr, dass ich Urlaub in Kanada mache und mir das bekannte Henry Ford Museum anschauen möchte. Sie fragt mich, ob ich Gepäck dabei habe und ich verneine. Jetzt will sie den Namen meines Vaters wissen und wo er wohnt. Ich bin verwirrt, gebe ihr aber Auskunft. Ob ich ein Rückflugticket habe interessiert sie auch. Gleich nach Ende der Fragerei fängt sofort Fragerunde Nummer zwei an. Die vorher gestellten Fragen werden in einer anderen Reihenfolge erneut gestellt. Dies läuft auch in Fragerunde drei und vier so ab. Meine Antworten sind scheinbar richtig oder vertrauenswürdig oder in sonst einer Art zufriedenstellend für sie, denn nun werden meine Fingerabdrücke eingescannt und ich bekomme eine Einreisegenehmigung für drei Monate. Nachdem ich sechs US-Dollar Gebühr bezahlt habe, ist der Weg in die USA für mich frei.

Sightseeing im Zentrum von Detroit fällt wegen des starken Regens aus. Mein Weg führt direkt nach Dearborn zum Museum.

Der Parkplatz ist nur zu gut einem Drittel gefüllt und an der Kasse gibt es keine Wartezeit. Die übergroßen Karrossen der US-Präsidenten fallen mir im Henry Ford Museum sofort auf, damit starte ich.
Ein 1939er Lincoln mit Namen „Sunshine Special" war das erste für einen Präsidenten entworfene und gebaute Fahrzeug, erfahre ich von der davor stehenden Infotafel. Dahinter sehe ich ein riesiges schwarzes Gefährt mit Cabrio-Dach.

Henry Ford Museum, Sunshine Special, 1939 Lincoln

Langsam schlendere ich durch die amerikanische Autogeschichte und sehe dabei viele wunderbare alte Automobile und Raritäten aus den fünfziger und sechziger Jahren. Interessante Dokumentationen zu den Themen Automobil, Technik und Geschichte stehen in einer Art kleinem Kino auf dem Programm.

In einem alten Bahn-Imbisswagen werden Sandwiches und Chips angeboten. Ich staune nicht schlecht, als neben meinem bestellten Sandwich tatsächlich Kartoffelchips und keine Pommes liegen. Neben den Autos und Caravans beherbergt das Gebäude noch Bereiche mit Zügen und Flugzeugen sowie eine Sonderausstellung zu alltäglichen Gegenständen der letzten 50 Jahre.

Henry Ford Museum, Dearborn USA, Zug Canadian Pacific Service

Alles wird ansprechend und informativ präsentiert und ist sehr interessant, doch nach einem intensiven halben Tag im Museum habe ich erst einmal genug. Noch ein kurzer Besuch im Museum Shop und das war's.

Vom Parkplatz aus sehe ich auf der anderen Seite des Geländes die Automotiv Hall of Fame. Dieses Museum wurde mir zuhause von meinem besten Freund ans Herz gelegt. Er würde es sehr gerne selbst einmal besuchen. Wenn ich schon mal hier bin, beschließe ich spontan es mir mal anzuschauen. Es schüttet gerade wie aus Kübeln und einen Schirm habe ich nicht. So bleibt mir nichts anderes übrig, als durch den strömenden Regen zum Eingang des Gebäudes zu sprinten.

Der Flur ist leer, nur an einem Schreibtisch vor einer Tür sitzt eine lächelnde Frau. Sie fragt mich, ob ich ins Museum gehen möchte. Ich stehe mit vor Nässe tropfenden Haaren vor ihr und sage, dass ich noch unschlüssig bin. Daraufhin erklärt sie mir: „Es ist ein Museum mit vielen Informationen und sehr vielen Texten die es zu lesen gilt damit man alles, was gezeigt wird versteht." Die Aussage erschreckt mich etwas. Durch die geballten Informationen des vorherigen Museums bin ich gerade nicht sehr aufnahmefähig und fühle mich nicht in der Lage, so kurz danach schon wieder eine Fülle an neuen Informationen zu verarbeiten.

Sie sieht mir eine Weile beim Denken zu und fragt mich dann unvermittelt woher ich komme. Daraufhin erzähle ich ihr, dass ich aus Deutschland komme, allein unterwegs bin und ein Freund - ein richtiger Automobil Experte - mir dieses Museum empfohlen hat. „Es wäre schön", sage ich ihr, „wenn ich ihm einige Fotos von den Ausstellungsräumen hier mitbringen könnte."

Automotive Hall of Fame, Dearborn USA

Nach kurzem Überlegen bietet sie mir an, mich für einige Minuten kostenfrei ins Museum zu lassen, wenn ich nur schnell Fotos machen möchte. Ich bin begeistert, laufe zügig durch die Räume und fotografiere die ausgestellten Exponate und Schautafeln.

Als ich gehe, bedanke ich mich ganz herzlich bei ihr. Sie winkt zum Abschied, als ich mich vor Verlassen des Gebäudes nochmals zu ihr umdrehe. Ich winke lächelnd zurück.

Zwei Gestrandete

Das Wasser fällt schneller vom Himmel, als es auf der Erde versickern und auf den Straßen abfließen kann. Es bilden sich kleine Pfützen, große Seen und breite Bäche auf der Straße. Ich sitze im Auto und fahre zurück nach Windsor. Es ist erst später Nachmittag, aber schon düster und ich habe das Gefühl, es wäre November. Im Radio spielen sie gerade a-ha und Morten Harket singt „**The Sun Always Shines On TV**". Ich bin etwas müde und brauche dringend eine Pause. Kurz darauf sehe ich ein Schild der Kaffeekette Tim Hortons und biege sofort ab. Die wenigen Schritte vom Auto zur Eingangstür reichen, um richtig nass zu werden.
Alle Tische sind besetzt. Eine gutaussehende Frau, um die 40 mit asiatischer Abstammung lächelt mich freundlich an. Ich frage sie, ob ich mich zu ihr setzen darf und sie sagt sofort „Ja, gerne". Wir sind zwei aus den Fluten in einem lauten, nach Kaffee duftenden Glaskasten Gestrandete, die froh sind einen trockenen Platz und Gesellschaft gefunden zu haben.

Die nächsten Stunden vergehen wie im Flug. Wir kommen ins Gespräch und Uma interessiert sich für meine Reise alleine durch den Osten Kanadas. Ich erzähle ihr, dass ich Single bin und so ohne Kompromisse die Welt entdecken kann. Sie erzählt mir von ihrem Sohn, der gerade mit seiner ersten Freundin in eine gemeinsame Wohnung gezogen ist. Sie macht sich Sorgen, da sie das Mädchen nicht richtig kennt. Ich sage ihr lachend, dass ihr Sohn dieses Mädchen wahrscheinlich nicht heiraten wird, da nach der ersten Freundin wohl noch einige andere Frauen folgen werden bis es ernst wird. Mit großen Augen schaut sie mich an und erzählt mir, dass sie einen Mann geheiratet hat, den sie bis zum Hochzeitstag nicht kannte. Obwohl sie gut ausgebildet ist und im Ausland studiert hat, wurde der Ehemann von ihrer Familie in Asien ausgesucht. Sie war damals 20 Jahre und wohnte bei ihren Eltern.

Lächelnd erzählt sie, dass sie schon 25 Jahre mit ihrem Mann verheiratet ist und drei Kinder hat. Sie sieht es als großes Glück einen Mann zu haben, der sie respektiert, nicht trinkt, sich um die Familie kümmert und nicht nach fremden Frauen schaut. So einfach, wie es sich jetzt anhört, war der Start in die Ehe allerdings nicht, vertraut sie mir an.

Die Hochzeit war schön. Ein riesiges und rauschendes Fest mit Hunderten von Menschen, mit einem schönen Kleid, Musik und gutem Essen. Doch sie war in sexuellen Dingen völlig unerfahren und hatte Angst vor der Hochzeitsnacht.

Als die Feier zu Ende ging und die Hochzeitsnacht begann, hatte sie Angst vor dem, was nun kommen sollte und verließ das gemeinsame Zimmer und ihren gerade frisch angetrauten Ehemann, um im Zimmer ihrer Eltern zu schlafen. Dieser Ablauf wiederholt sich fünf Tage lang jede Nacht, dann mussten ihre Eltern zurück nach Hause fahren und sie hatte keine Fluchtmöglichkeit mehr.

„Es ist wichtig, mit dem zufrieden zu sein was man hat, das Beste daraus zu machen und in allem, was man tut, etwas Positives zu finden", verrät sie mir. „Gut gelaunt zu sein hilft auch", ergänzt sie noch. „Das heißt allerdings nicht, keine Ziele mehr zu haben", sagt sie grinsend.
Hm, ich bin beeindruckt, wie Uma mit den, wie ich erfahre, in ihrem Herkunftsland immer noch gültigen, kulturellen Vorgaben umgeht.

Die Zeit vergeht wie im Flug, draußen läuft der Regen die Scheibe hinab und ich bin glücklich, Uma begegnet zu sein. Obwohl wir uns nur kurz kennen, mag ich Uma sehr, wir hatten sofort einen Draht zueinander und ich bewundere sie für ihre Art, mit dem Leben umzugehen.

Sie muss weiter: Ihre jüngeren Kinder warten zu Hause und sie hat noch eine Menge für ihren kleinen Laden zu erledigen. Zum Abschied umarmen wir uns und tauschen E-Mail-Adressen aus. Tief berührt und dankbar solch einen Menschen getroffen zu haben sitze ich noch eine Weile vor meinem Kaffee. Der Dauerregen stört mich auf einmal überhaupt nicht mehr.

Etwas nachdenklich schwirren mir bei der Fahrt ins Hotel Gedanken und Fragen durch den Kopf.

Wie vielfältig, außergewöhnlich und spannend das Leben doch ist und wie eng manchmal unser gedanklicher Horizont. Wie fremd kommen uns oft andere Arten zu leben vor. Wie eingeschränkt kann unser Vorstellungsvermögen und das Verständnis für eine andere Form zu leben sein.

Reisen erweitert wirklich den Horizont und zeigt, wie unterschiedlich und doch gleichwertig Leben ist.

Ist die Wahl zu haben im Leben immer besser?
Ist man glücklicher, wenn man Entscheidungen selbst trifft?
Oder ist das egal und es kommt auf die innere Einstellung an?

Kettles und Theater

Und wieder ein Tag, der mit Regen beginnt. Na ja, der Starkregen hat sich in normalen Regen gewandelt, das ist schon eine Verbesserung. Trotzdem ist meine Stimmung an ihrem Tiefpunkt. Von Kälte, Wind und Regen habe ich echt genug. Die Wettervorhersage bestimmt meine Route. Richtung Norden am Lake Huron soll es aufklaren, da will ich hin. Goderich heißt mein Etappenziel für heute.

Während der Fahrt wird der Regen wirklich schwächer und es nieselt nur noch leicht. Als ich den Highway verlasse, ist es plötzlich einsam um mich herum. Die Strecke bis Kettle Point führt an überfluteten Feldern und sonst nahezu nichts vorbei. In der Ferne sehe ich riesige Farmen und ab und zu ein Haus. Richtige Orte, Restaurants, Läden, Tankstellen oder sonstige Zivilisation sehe ich nicht. Das Navi zeigt innerhalb der nächsten 60 km nichts an und führt mich über Schotterpisten obwohl laut meiner Karte parallel geteerte Straßen verlaufen. Diesem Gerät kann ich nicht grenzenlos vertrauen und beschließe, wachsam zu bleiben und im Zweifelsfall meinen eigenen Weg zu fahren.

Endlich in Kettle Point, einem Reservat der Chippewas First Nations, angelangt fahre ich die Lake Road entlang und bin etwas enttäuscht. Alles ist wie ausgestorben, wahrscheinlich wegen des Wetters und der noch nicht gestarteten Saison.

Neben dem wieder einsetzenden obligatorischen Regen halten mich die überfluteten Zugänge zum Strand und das aufgewühlte und stürmische Wasser von den „Kettles" fern. Wirklich schade, dass ich mir diese kugelförmigen Gesteinsformationen nicht ansehen kann, denn es gibt sie nur an sehr wenigen Orten auf der Erde.

Lake Road, Blick auf den Lake Huron

Vor Jahren hatte ich in Neuseeland die Gelegenheit und konnte auf der Südinsel am Highway 1, die Moeraki Boulders sehen. Das sind ungewöhnlich große dieser kugelförmigen Gesteins- und Mineralformationen. Wirklich beeindruckend. Auf mich wirkte es, als ob Riesen vor ewigen Zeiten am Strand mit Murmeln gespielt hätten.

Moeraki Boulders in Neuseeland

Dann fahre ich eben weiter. Der Regen kann mich mal, denke ich trotzig.

Der Ort Grand Bend bietet sich als nächster Stopp an. Hier zeigt sich ein ähnliches Bild. Wildes Wasser, stürmischer Wind und nichts los. Die Regenpause nutzend, stelle ich das Auto ab und flaniere die Main Street West entlang zum Beach. Flanieren ist wahrscheinlich nicht das passende Wort. Eher kämpfe ich mich mit Regenjacke und in meinen Schal eingewickelt gegen den Wind zum Wasser.
Kleine Läden mit Souvenirs, Klamotten oder Strandbedarf und Restaurants prägen das Bild der Straße. Im Sommer tummeln sich hier bestimmt eine Menge in- und ausländischer Touristen, doch jetzt finde ich keinen geöffneten Platz für eine Pause. Leicht geknickt, frage ich mich wie Selbstmotivation geht. Das Positive sehen. Was ist denn hier positiv?

Hey, ich registriere, dass es nicht mehr regnet! Bingo, wettermäßig geht es aufwärts. Motiviert fahre ich weiter. Ein Stück entfernt an der Straße, sehe ich wieder ein Tim Hortons Schild. Dort gibt es etwas zu essen!
Das Café ist gut besucht, trocken und warm. Wie schön. Hier schließe ich auch meine Bildungslücke und ich erfahre, dass Tim Horton die Kaffeehauskette gegründet hat und ein bekannter Eishockeyspieler ist.

Mit vollem Magen sieht die Welt gleich anders aus und mittlerweile haben alle dunklen Regenwolken einem trockenen Hellgrau am Himmel Platz gemacht.

Nach kurzer Fahrt in Richtung Norden bin ich schon in Goderich angekommen. An der Tür meines gebuchten B&B hängt ein Zettel, dass gerade niemand Zuhause ist.

Kein Problem, es liegt optimal in der Nähe des Zentrums und so nutze ich die Zeit für einen kurzen Spaziergang. Der Ort wirkt sympathisch. Die Colborne Street mündet direkt in den achteckigen Courthouse Square. Dieser führt an Läden, Restaurants und einem Kino vorbei. In der Mitte des Square befindet sich ein Verwaltungsgebäude inmitten eines Parks.

Zurück am B&B begrüßt mich meine Gastgeberin Suzanne. Nach einer kurzen Hausführung und einer Menge Tipps für meinen Aufenthalt in Goderich genieße ich in meinem Zimmer erst mal den bequemen Lesesessel und schaue mir dabei die Unterlagen mit Restaurants und Zerstreuung für den Abend an.

Sogar ein Theater, „The Livery", gibt es hier. Das Stück „The 39 Steps" wird gerade aufgeführt. Die angebotenen Termine sind überschaubar, aber genau heute steht eine Aufführung an. Das nenne ich Glück, da gehe ich hin.

Doch vorher brauche ich ein richtig großes Abendessen. Die Kanadier essen abends allgemein früh und so ziehe ich gleich los. Das Restaurant ist überfüllt, wo kommen all die Menschen her? Mein Traum von einem schönen Abendessen scheint geradewegs zu zerplatzen als der Kellner kommt und meint, ich solle in einer Stunde wieder kommen, gerade seien keine Plätze mehr frei und vor mir stehen noch Andere auf der Warteliste. Oh nein, das geht nicht, in einer Stunde ist zu spät. Da fällt mein Zeitplan zusammen und damit entweder das Theater oder das Essen aus. Das will ich aber nicht. Was also tun? Ich überlege.

Auf einmal steht Suzanne vom B&B neben mir. Habe ich jetzt eine Erscheinung? Nein. Suzanne, ihr Mann John und ihre Mutter sind auch hier zum Dinner und sie fragt mich, ob ich zu ihnen an den Tisch kommen möchte. Wie genial ist das? Ich freue mich sehr, bedanke mich und nehme das Angebot gerne an. Sie haben ihr Essen schon und so bestelle ich schnell Haddock & Chips. Das Gericht kommt ruckzuck und schmeckt prima. Leider muss ich sofort nach dem Essen gehen, um pünktlich am Theater zu sein.

Eine gemeinnützige Gesellschaft betreibt seit 1983 in einem historischen Gebäude das Theater „The Livery" als Kulturzentrum der Stadt. Ich bin „just in time", bekomme noch eine Karte und dann geht es auch schon los.

Mir gefallen das Gebäude und die Atmosphäre. Alles wirkt irgendwie familiär und man spürt das Engagement und Herzblut der Betreiber. Die Handlung des Stücks orientiert sich am Roman von John Buchan bzw. dem Film

„Die 39 Stufen“ von Alfred Hitchcock. Das Ganze ist jedoch mit etwas Comedy aufgepeppt. Die vier Laien-Schauspieler besetzen alle Rollen des Stücks und haben mächtig zu tun.

Info-Flyer Theaterstück „The 39 Steps“

Die Aufführung ist gut inszeniert. Die Comedy-Szenen passen, das Bühnenbild ist mit Liebe zum Detail gebaut, die Akteure sprechen deutlich und ich fühle mich prima unterhalten.

Nach Ende der Vorstellung irritiert mich das kanadische Verhalten doch etwas. Die Besucher applaudieren kurz und nur ein einziges Mal, stehen dann sofort auf und gehen raus.

Hm, ist das normal hier?

Die Aufführung war für ein Gemeindetheater super. Etwas mehr Applaus wäre in meinen Augen angemessen.

In Deutschland würden die Leute öfter klatschen und die Schauspieler mehrmals auf die Bühne kommen. Doch hier ist sofort Schluss, das ist für mein Empfinden etwas grob gegenüber den Akteuren. Sind die Kanadier so unhöflich, so kühl oder so zurückhaltend?

Seltsam, zu mir waren sie bisher immer sehr herzlich und offen. Morgen beim Frühstück werde ich Suzanne fragen und das Mysterium hoffentlich klären.

What a Sunset

Am großen Tisch sitzen schon vier Personen, als ich in den Frühstücksraum komme. Ein junges Paar Anfang 20 aus Michigan/USA und ein Paar so Mitte 30 aus Toronto. Beide Paare erzählen, dass sie einen Kurztrip über das Wochenende machen. Das ist sehr populär, da Kanadier und US-Amerikaner wenig Urlaub haben und darum die Wochenenden zum Verreisen nutzen. Jetzt wird mir klar, warum außerhalb der Saison am Wochenende so viele Unterkünfte ausgebucht sind.

Das kanadische Paar möchte, wie ich, weiter nach Norden zur Bruce Peninsula. Da heute Sonntag ist und sie morgen wieder arbeiten müssen, können sie von Goderich aus nicht einfach weiterfahren, sondern müssen erst nach Toronto zurück und arbeiten, um dann die Tour am nächsten Wochenende fortzusetzen.

Auch das amerikanische Paar fährt heute wieder nach Hause, möchte vorher aber noch einen Abstecher zum „Huron Historic Gaol", einem ehemaligen Gefängnis machen. Das einzigartige achteckige Gebäude wurde von 1841 - 1972 als „County Jail" genutzt und galt bei seinem Bau als eine humanitäre Art der Gefängnisgestaltung.
Mir steht der Sinn heute eher nach Freiheit, als danach eingesperrt zu sein, denn die Sonne scheint und der Himmel ist strahlend blau. Darauf habe ich so lange gewartet.

Als Suzanne mir Rühreier bringt, erzähle ich von meinem gestrigen Theaterbesuch und frage sie, ob es in Kanada üblich ist mit dem Applaus so sparsam zu sein. John, ihr Mann, kommt aus der Küche und beide lachen. Das kommt auf die Besucher an, meinen sie grinsend. Vergangene Woche waren sie in einer Vorstellung und da gab es am Ende langen Beifall mit „Standing Ovations". Ich hätte wohl eine Aufführung mit vielen introvertierten Kanadiern erlebt.

Die Sonne täuscht mir einen lauen Frühlingstag vor, doch der Wind aus dem Norden ist eisig und so komme ich nach einem kurzen Spaziergang ins B&B zurück und ziehe viele Kleiderlagen übereinander an, bevor ich das Haus wieder verlasse.

Mein Weg führt mich erst zum Lighthouse Park und danach über die Harbour Street nach unten ans Wasser zum St. Christophers Beach und zur Rotary Cove. Glücklicherweise führen dort Treppen wieder nach oben, denn am See ist es extrem windig und wahnsinnig kalt. Obwohl ich mir den Schal um den Kopf gewickelt habe, frieren meine Ohren. Mich zieht es ins Zentrum, irgendwo ins Warme. Da Sonntag ist, sind die meisten Läden geschlossen. Ein Café hat geöffnet und es sind sogar noch Plätze frei. Nach dem großen und herzhaften Frühstück heute Morgen lachen mich jetzt die süßen Gebäckstücke an und ich entscheide mich für Kaffee und Kuchen. Wasser für den Durst gibt es auch hier gratis.

Da ich Goderich nicht verlassen will, ohne den berühmten Sunset zu sehen, muss ich am Abend nochmal an den See. Das geht nur mit dem Auto, denn es ist unmöglich, bei diesem kalten Wind am Ufer zu stehen und dem Sonnenuntergang zuzusehen. So wie ich, machen es auch die Kanadier: Pünktlich zur Dämmerung kommen sie angefahren, um sich das kurze Spektakel der im Wasser verschwindenden Sonne anzuschauen. Für Erinnerungsfotos steige ich natürlich aus. Kaum ist die Kamera ausgepackt und der Finger am Auslöser, habe ich das Gefühl, meine Hände würden gleich einfrieren und die Finger abfallen.

Egal. Trotz der Kälte ist der Sonnenuntergang richtig schön.

Goderich, Cove Road „What a Sunset"

Route Seite 163

Falsche Vorstellung

In Deutschland hatte ich mir ausgemalt, wie ich bei Sonnenschein und lauen Temperaturen durch das Wasser der großen Seen wate, mich in den Sand setze und einfach das Sein genieße. Heute soll es endlich soweit sein! Die Sonne strahlt und meine nächste Etappe führt mich am Ort und Strand Sauble Beach vorbei. Die Chancen, barfuß durch den Sand zu gehen, stehen also ziemlich gut.

Die Fahrt von Goderich nach Sauble Beach verläuft unaufgeregt und der Verkehr hält sich in Grenzen. Durch die Sonne heizt sich das Wageninnere mächtig auf. Um die Mittagszeit erreiche ich den Ort und parke mein Auto an der Main Street.

Strand Sauble Beach

Nach wenigen Schritten bin ich am Strand, der sich gefühlt unendlich nach rechts und links ausdehnt. Außer mir ist nur noch ein Mann am Wasser. Das wundert mich nicht, denn es ist sehr windig und immer noch recht kühl. Der Nordwind bläst heftig und vermiest mir das Barfuß laufen gehörig. Ich lasse meine Schuhe an und gehe nur kurz ans Wasser. Brrr, das ist kalt. Schon dabei habe ich das Gefühl, weggeweht zu werden. Ein Pick-up fährt auf den Strand und am Wasser entlang Richtung Süden und verliert sich bald als kleiner Punkt am Horizont. Der Mann in meiner Nähe nickt mir zu, dreht sich um und geht zur Main Street. Nach ein paar Minuten gebe auch ich auf; es ist zu ungemütlich, um mich in den Sand zu setzen.

Es soll wohl nicht sein. Also weiter Richtung Collingwood, meinem heutigen Etappenziel.

Die Highways sind ideal zum Fahren, breit und leer. Nur um die Stadt Owen Sound herum ist es voll und für kanadische Verhältnisse hektisch. Die Strecke von dort nach Meaford dagegen ist im letzten Stück wunderbar. Von einer Anhöhe aus fahre ich nach unten zur Georgian Bay und habe eine atemberaubende Aussicht.

Der Ort Meaford ist klein und angenehm unspektakulär. Das Auto stelle ich an einem Parkplatz am Wasser ab und frage einen, die dortige Straße fegenden, Arbeiter nach dem Weg ins Zentrum. Der junge Mann schaut etwas befremdlich, zeigt mir aber freundlich die Richtung in die ich gehen soll. Wahrscheinlich war der Begriff Zentrum in seinen Augen etwas überdimensioniert.

In einem Tante-Emma-Laden mit Souvenirs, Süßigkeiten, Kleidung und vielen kuriosen Gegenständen kaufe ich einige Andenken. Etwas weiter die Straße entlang finde ich ein gemütliches Café und mache Pause.
Eigentlich könnte ich hier bleiben, denn ich habe keine Übernachtung vorgebucht. Doch die Blue Mountains sind in der Nähe und Collingwood soll auch interessant sein und so fahre ich weiter.

Als ich an dem Schild vorbeifahre, das auf die Blue Mountains hinweist, plane ich in Vorfreude schon den morgigen Tagesausflug dahin. Im Winter sind die Blue Mountains ein riesiges Skigebiet mit 11 Liftanlagen, doch auch jetzt werden unzählige Outdooraktivitäten angeboten.

Die Einfallstraße nach Collingwood erschlägt mich erst mal. Wo bin ich hier gelandet? Ich hatte die Vorstellung eines beschaulichen Ortes. Doch schon am Stadtrand beginnen unzählige Baustellen. Gefühlt werden überall Häuser, Straßen und Gewerbegebiete gebaut. Das ist alles andere als beschaulich. Ich bin überhaupt nicht begeistert, suche mir aber erst mal eine Bleibe.

Aus dem Internet habe ich die Adresse eines B&B. Dort angekommen sehe ich zwei Frauen so um die 60 vor dem Haus stehen. Die Tür wird von einer noch ältere Frau geöffnet. Als ich dazu komme höre ich, dass die zwei Frauen aus den USA kommen und ein Zimmer suchen. Die Frau im Türrahmen geht zur Seite und lässt uns alle ins Haus.

Sofort weiß ich, dass ich hier nicht bleiben kann. Das Innere des Hauses wirkt leblos und sakral. In Flur und Esszimmer stehen viele Vasen mit künstlichen Blumensträußen. An den Wänden hängen Kreuze. Es wirkt alles sauber, aber es riecht muffig und die Atmosphäre ist für mich bedrückend. Ich stehe allein im Esszimmer und es ist, als ob sich eine Schwere auf meine Schultern setzt und sich ein ungutes Gefühl in meinem Magen ausbreitet. Die Frauen steigen die Treppen nach oben, um sich die Gästezimmer dort anzusehen. Sie sehen etwas geschockt aus als sie wieder nach unten kommen. Es gibt keinen Fernseher im Zimmer, sagen sie und dass sie deshalb das Zimmer nicht möchten. Ich sage zur Frau des Hauses, dass ich mir noch ein anderes B&B anschauen möchte und verabschiede mich schnell. Vor der Tür fragen mich die beiden Frauen ob es für mich im Hause auch so „weird" war. Ich antworte, dass ich ein komisches Gefühl hatte. Da sagen sie, dass die Sache mit dem fehlenden Fernseher nur eine Ausrede war, weil sie nicht im Haus übernachten wollten.

Auf weitere B&B Überraschungen habe ich heute keine Lust mehr und so beschließe ich spontan in einem Hotel zu übernachten. Im Gewerbegebiet werde ich schnell fündig. Um etwas zu essen und noch ein wenig durch die Stadt zu bummeln, fahre ich in den alten Ortskern. Die Geschäfte an der Hurontario Street sind bis auf einen Öko-Supermarkt schon geschlossen.

Trotzdem ist es unterhaltsam die Straße entlangzugehen und die Schaufenster zu betrachten. Eine Frau, die mit ihrem Hund Gassi geht, frage ich nach dem Weg zum Wasser.

Schaufenster in Collingwood

Am Hafen angekommen bin ich mit dem Ort etwas versöhnt.

Leider finde ich später am Abend außer diversen, etwas steril wirkenden, Fast Food Restaurants keine andere Gelegenheit für ein gemütliches Essen. So bleibt nur die Wahl, mich zwischen Burger und Pizza zu entscheiden. Na dann nehme ich doch lieber Burger.

Wieder im Hotelzimmer mache ich mich mit dem Reiseführer über die Gegend schlau und verschaffe mir mittels kostenfreien Infoblättern einen Überblick, was es hier alles zu tun gibt.

Collingwood ist „Boom-Town" merke ich schnell.
Das Ski- und Outdoor-Gebiet Blue Mountains schwemmt unzählige kanadische Winter- und Sommertouristen in den Ort und davon möchten viele Menschen mit zusätzlichen Unterkünften und Angeboten profitieren.

Blick aus dem Hotelzimmer auf die Blue Mountains

Irgendwie ist mir hier alles zu groß und zu touristisch. Auch die Resorts auf den Blue Mountains schrecken mich eher ab.

Nach reiflicher Überlegung entscheide ich mich dafür, am nächsten Morgen nach Gravenhurst weiterzufahren und buche über das Internet ein freundlich wirkendes B&B.

Es wird rauer

Das Frühstück im Hotel lässt mich mal wieder erschauern. Das liegt nicht an dem völlig geschmacksneutralen Toast oder den vielen kleinen Einzelverpackungen von Butter, Margarine und anderen Aufstrichen. Nein, was mich wirklich den Kopf schütteln lässt, ist das Plastikbesteck und das Pappgeschirr. Ich sitze im Frühstücksraum und überlege, wie einfach es wäre, richtige Teller, Tassen und Besteck zu verwenden. Die Serviceperson die alles nachfüllt und die großen blauen Säcke mit dem Abfall wegräumt könnte auch eine Spülmaschine bedienen. Dazu ein Schrank für das Geschirr und schon wären Unmengen täglichen Mülls vermieden. Das könnte sogar Kosten sparen. Hm, vielleicht sollte ich kanadische Hotels in Sachen Müllvermeidung beraten ...

Es ist etwas wärmer geworden und auch die Sonne scheint wieder. Die Route führt mich über kleine Straßen gemütlich nach Wasaga Beach und dann nach Midland. Hier gefällt es mir sofort. In der King Street finde ich schnell einen Parkplatz und schlendere gemütlich Richtung Wasser. Auf dem Weg fallen mir die vielen Wandgemälde (Murals) zu unterschiedlichen Themen auf.

Wandgemälde in Midland

Am kleinen Hafen bietet sich ein guter Blick auf ein riesiges Wandgemälde an einem Silo. Wie ich später erfahre, werden im Sommer auch Rundgänge zu den verschiedenen Murals angeboten. Im Ort gibt es außerdem einige Parks, Wanderwege, Seen und vielerlei Aktivitäten für jeden Geschmack. Der mit über 18.000 km längste Wanderweg der Welt - der Trans Canada Trail - führt quer durch Kanada und an Midland vorbei. https://thegreattrail.ca

Das wäre für mich ein guter Ort gewesen um einige Tage zu bleiben.

Eigentlich wollte ich weiter nach Parry Sound fahren, doch auf dem Weg ändert sich die Landschaft: Die Umgebung wird schroffer, zeigt mehr Felsen und weniger Boden. Der Canadian Shield wird sichtbar.

Highway 400 North

Auf mich wirkt das rau und ursprünglich und irgendwie anziehend. Spontan fahre ich vom Highway ab und schaue, wo ich lande.

In Foot's Bay, einer verstreuten Ansammlung von wenigen Häusern und einer Marina in direkter Lage an einem See der Muskoka Lakes. Natur und Ruhe im Überfluss. Zu dieser Jahreszeit ist absolut nichts los. Das restliche Jahr über ist wahrscheinlich ähnlich viel los.

Die weitere Fahrt führt mich durch die Muskoka Region mit ihren unendlich vielen Seen nach Gravenhurst. Auch dieser Ort ist mir sympathisch und kommt auf meine imaginäre Favoritenliste.

Das gebuchte B&B ist gemütlich und hat eine super Lage. Hier bin ich wieder ohne Auto mobil. Meine Gastgeberin gibt mir sofort Tipps zur Abendgestaltung. Heute Abend steht in einem Pub Live-Musik auf dem Programm. Da geh ich hin.

Einsame Herzen

Als ich die Eingangstür zum Pub öffne, höre ich schon die Musik. Sie kommt weiter hinten aus einer Ecke neben der Bar. Dort sitzt ein Mann mit Keyboard und Mikrofon. Fast alle Tische im Raum sind besetzt und ich warte, bis die Bedienung zu mir kommt, um zu fragen was ich möchte. „Abendessen", sage ich zu ihr. Sie schaut mich mit einem Stirnrunzeln an und meint: „Ohne Reservierung ist es heute schwierig, aber ich will sehen was ich tun kann." Sie überlegt, schaut in ein Buch, spricht mit einer Kollegin und führt mich schließlich zu einem kleinen Hochtisch mit zwei Barhockern. Das ist der einzige freie Tisch, den sie mir anbieten kann.

Der Platz ist super. Er bietet mir fast einen Rundumblick. Ich sehe die Bar, den Musiker, den Weg zur Küche und gleichzeitig noch ins Lokal. Perfekt, ich bin mittendrin und nicht nur dabei.

Die Teller die an mir vorbei getragen werden zeigen große Portionen. Eine Vorspeise fällt also flach. Als die Bedienung kommt, um meine Bestellung aufzunehmen, frage ich was sie mir empfehlen kann. Ich folge ihrem Tipp und bestelle Hühnchen mit homemade Fries und Salat.

Außer mir, einer Frau an der Bar und dem Musiker gibt es an den Tischen nur Gruppen. Die Frau an der Bar ist altersmäßig so Mitte 40 und scheint auf niemanden zu warten. Ab und zu spricht sie kurz mit dem Barkeeper, trinkt einen Schluck Wein und schaut zum Musiker. Sie wirkt auf mich irgendwie etwas einsam. Zwischendurch steht sie auf und geht kurz nach draußen, um zu rauchen.

Der Musiker dürfte so um die 50 sein, mit kurzen braunen Haaren, einer angenehmen Stimme und einer leicht melancholischen Ausstrahlung. Seine Songauswahl besteht aus meist ruhigen Songs von Schmusesängern wie James Blunt. Er bekommt viel Applaus, da die Songs hervorragend zu seiner Stimme passen.

Nach einiger Zeit nimmt die Frau an der Bar auf einmal Blickkontakt mit dem Musiker auf. Schließlich fasst sie sich ein Herz und geht zu ihm hin. Wie es scheint, wünscht sie sich einen Song. Wenig später nickt er ihr zu, erfüllt ihren Wunsch und fängt an zaghaft ihre Blicke zu erwidern.

Die Haltung der Frau an der Bar beginnt sich zu ändern. Ihr Rücken richtet sich auf und die hängenden Schultern straffen sich. Sie fährt sich mit der

Hand durch die Haare und lächelt den Musiker an. Er lächelt jetzt offensiver zurück. Sie schaut weg und trinkt etwas Wein. Nachdem weitere Blicke getauscht wurden ändert sich die Songauswahl des Musikers. Die Lieder werden schneller und klingen fröhlicher.

Mal sehen wie das Ganze weitergeht.

Ich esse langsam und schaue mich um, niemand im Restaurant nimmt Notiz von der zarten Kontaktaufnahme zwischen der Frau an der Bar und dem Musiker. Das Lokal füllt sich immer mehr und es herrscht Trubel und Gesprächigkeit.

Die Frau an der Bar und der Musiker bekommen von alldem nichts mit. In den kurzen Pausen zwischen den Songs wechseln sie einige Sätze miteinander. Auf einmal macht der Musiker eine Ansage: „Noch ein Song, dann mache ich 15 Minuten Pause".

Jetzt wird es spannend.

Nachdem das Lied beendet ist, geht der Musiker zur Frau an der Bar. Sie sprechen miteinander und gehen zusammen nach draußen.

Ich bezahle, gebe einen Geldschein in das Spendenglas des Musikers und mache mich auf den Weg. Vor der Tür stehen die Frau von der Bar und der Musiker. Sie unterhalten sich angeregt. Was sie zueinander sagen, kann ich leider nicht verstehen. Auf einmal lächelt die Frau und auch der Musiker lächelt. Sie gehen zusammen zur Tür. Dabei legt der Musiker kurz seinen Arm um ihre Taille. Er öffnet die Tür und beide verschwinden im Lokal.

Ich muss grinsen; es ist schön, wenn sich zwei Herzen finden. Manchmal für eine Nacht und manchmal für immer. Wer weiß das schon.

Was lerne ich daraus?
Die Suche nach Liebe gestaltet sich in der westlichen Welt recht ähnlich und das ist ganz unabhängig vom Alter. Wichtig dabei sind Mut und Glück. Und natürlich, zur richtigen Zeit am rechten Ort zu sein. Wobei uns das wieder zum Thema Glück bringt.

Ein Urlaubstag

Es ist ein sonniger und warmer Tag und ich habe kein Programm. So entscheide ich nach Lust und Laune, wonach mir gerade der Sinn steht. Zuerst ein kurzer Spaziergang ans Wasser, an den Gull Lake am Stadtrand. Am gegenüberliegenden Steilufer des Sees ist die Gesteinsplatte des Canadian Shield gut sichtbar.

Gravenhurst, Gull Lake

Auf der Stadtseite wurde ein kleiner Strand angelegt und im Wasser befindet sich eine Bühne. Das sieht nach Open-Air-Veranstaltungen im Sommer aus. Heute ist wenig los. Ein junges Paar spielt mit ihrem kleinen Jungen am Wasser und ein alter Mann führt gemächlich seinen betagten Hund, dessen Rasse nicht auszumachen ist, aus. Alles schön unspektakulär, das normale Leben eben.

Zum normalen Leben gehören auch gelegentliche Stadtbummel. Mein nächstes Ziel ist deshalb die lange Geschäftsstraße „Muskoka Road" mit vielen Läden. Vielleicht sehe ich auf dem Land typisch kanadische Kleidung. Ohne Plan entscheide ich mich zuerst in die nördliche Richtung zu gehen. Hier finde ich ein kleines Kaufhaus mit großer

Gravenhurst, Kaufhaus

Auswahl an fast allem, was man so braucht. Neben Kleidung und Schuhen werden auch Spielwaren, Verbrauchsmaterialien und Haushaltsartikel angeboten. Die Kleidung ist schon anders als zuhause, aber modisch gesehen nicht so ganz das, was ich mir erträumt habe. Unterhaltsam ist der Besuch allemal.

Na dann probiere ich mein Glück in der anderen Richtung. Der Weg führt mich, am Gebäude mit Uhrturm der kanadischen Post vorbei. Auf der gegenüberliegenden Seite sehe ich ein Schild: „Muskoka Bear Wear". Das klingt vielversprechend.
Neben zwei freundlichen jungen Verkäuferinnen begrüßt mich im Laden ein riesiger, echt wirkender Plüsch-Bär. Yes, endlich. Mein erster Bär. Ein breites Grinsen kommt in mein Gesicht.

Beim Abschied am Flughafen hatte ich meinem besten Freund ein Bären-Urlaubsfoto versprochen. Diese Versprechen kann ich heute einlösen. Ich frage eine der Verkäuferinnen, ob sie von mir und dem Bären ein Foto machen kann und sie ist sofort begeistert dabei. Auch kleidertechnisch werde ich fündig. Die Farben der Shirts und Jacken sind zwar nicht meine erste Wahl, aber die Stoffe sind gut und die Passformen auch. Beim Anprobieren komme ich mit den jungen Frauen ins Gespräch und sie wundern sich, dass ich alleine in Kanada unterwegs bin. Das würden sie sich nicht trauen, sagen sie. „Wer weiß, das kann sich mit den Jahren noch ändern", sage ich lachend zu den beiden.

Shoppen mit Bär

Zufrieden mit meinen Einkäufen mache ich Pause in dem gegenüberliegenden, alternativ wirkenden, Café. Innen empfängt mich eine Theke mit Holzambiente. Weiter hinten im Raum befindet sich ein Barbershop. Ist das Ganze eher ein Männer-Friseursalon mit integriertem Café? Egal, ich bekomme einen Kaffee und esse Scones mit hausgemachter Marmelade.

Meine Tüte mit den Einkäufen bringe ich schnell zurück zum B&B. Ohne Ballast mache ich einen Spaziergang zum Lookout Park, einem Aussichtspunkt von dem man auf die Muskoka Bay blicken kann. Später gehe ich weiter zur Bay und schlendere dort am Wasser entlang. Schön, einen Tag einfach so zu verbummeln.

Sitzt da ein Kind?, frage ich mich, als mein Blick über die Terrasse des Restaurants schweift. Es ist kurz vor 16:00 Uhr.

Irgendwie komisch, dass ein Kind so alleine am Tisch sitzt und sich nicht bewegt. Hm, wenn jemand auf der Terrasse sitzt hat das Restaurant auf jeden Fall geöffnet. Die ausgehängte Speisekarte klingt gut und jetzt am Nachmittag sind die Preise günstiger als am Abend. Hunger habe ich sowieso, auf die Toilette muss ich auch und ein Platz an der Sonne tut mir nach dem vielen Regen der letzten Wochen gut.

Gravenhurst, Muskoka

Also los. Im Restaurant kommt mir sofort ein junger Kellner entgegen. „Ich möchte etwas essen," platzt es aus mir heraus, „und draußen sitzen, aber zuerst muss ich zum Bathroom". Der Kellner scheint von meiner Ansage etwas überrumpelt, zeigt mir aber sofort den Weg zur Toilette.

Als ich zurückkomme, steht er noch an derselben Stelle und wartet auf mich. „Bitte, kommen Sie mit nach draußen", fordert er mich auf. Er ist sehr jung, sehr höflich und sehr freundlich.
Draußen sitzt nicht wie erwartet ein Kind am Tisch, sondern eine kleine ältere Frau. Als mir der Kellner einen der vielen freien Tische anbietet, dreht sie sich zu uns um und fragt mich, wo ich herkomme.

Sie ist mir sofort sympathisch und ich sage ihr, dass ich aus Deutschland komme. „Oh, das ist schön", ruft sie erfreut aus. Ich erfahre von ihr, dass sie Ida heißt, ihre Vorfahren aus Europa, genauer gesagt aus Schweden kommen, sie sogar schon einmal dort war und auch etwas schwedisch spricht.

Spontan frage ich sie, ob ich mich an ihren Tisch setzen darf. Sie strahlt: „Natürlich, sehr gerne."

Vor ihr steht ein Teller mit Fischsuppe und ein Glas Wein. Ich habe Lust auf eine Mahlzeit mit Kohlenhydraten und so bestelle ich Fish & Chips. Dazu würde ich in dieser netten Gesellschaft gerne ein Glas Bier trinken. Der Kellner fragt mich, was für ein Bier ich möchte. Ich schaue ihn mit großen Augen an und sage: „Gute Frage, leider habe ich null Ahnung, da ich zuhause gar kein Bier trinke". Hm, er überlegt kurz, lächelt und verschwindet im Restaurant. Ich schaue Ida an und sie zuckt mit den Schultern. Kurze Zeit später kommt er mit einem Tablett zurück auf dem fünf Gläser stehen, jedes mit etwas Bier gefüllt. Ich bekomme ein Beer-Tasting. Er hat für mich die vorhandenen Biersorten zum Probieren zusammengestellt. Die große Freundlichkeit macht mich sprachlos. Ich lächle ihm zu und fange an zu testen. Jedes Bier schmeckt anders und am Ende entscheide ich mich für ein leichtes Organic-Beer aus der Region, das nur wenig nach Bier schmeckt. Es ist wunderbar, an diesem Platz am Wasser zu sitzen, in netter Gesellschaft und mit gutem Essen und Trinken.

Ida fragt, was ich hier mache und ich sage ihr, dass ich alleine durch den Osten Kanadas reise. Sie ist etwas erstaunt darüber, findet die Sache aber toll. Ich frage sie, ob sie hier wohnt und sie fängt an zu erzählen. Bis vor kurzem habe sie im hektischen Großraum von Toronto gewohnt. Anfang dieses Jahres habe sie dann gemerkt, dass sie mehr Ruhe brauche. Sie sagte ihrem langjährigen Lebenspartner, dass sie ihn zwar liebe, aber nicht mehr mit ihm leben wolle und zog mit ihrer Katze aus der Hektik in die Ruhe von Gravenhurst. Ihre Wohnung in einem Mehrfamilienhaus hatte sie schon gekauft, als die Immobilienpreise noch günstig waren und sie vermietet. Nachdem sie nicht mehr mit ihrem Freund zusammenleben wollte, hatte sie beschlossen, in diese Gegend zu ziehen wo auch ihre Schwester wohnt.

Mich interessiert, wie sie hier so lebt. Darauf antwortet sie lächelnd, dass sie einfach ihr Leben genießt. Sie sei jetzt fast 60 Jahre und schon einige Jahre pensioniert. Wie das geht, will ich von ihr wissen.

Das sei eine unschöne Geschichte, die sie damals sehr verletzt habe, mit der sie mittlerweile aber ihren Frieden geschlossen hat.

Über 35 Jahre, ihr ganzes Arbeitsleben, war sie bei einer Firma beschäftigt gewesen. Als ungelernte Hilfskraft hatte sie angefangen und sich durch Fortbildungen bis zur Sachbearbeiterin hochgearbeitet. Sie war zufrieden mit ihrer Arbeit und alles lief gut, als die Firma aus heiterem Himmel meinte, sie nicht mehr zu brauchen. Es wurde umstrukturiert, um Kosten zu sparen. Langjährige Mitarbeiter mit gutem Gehalt wurden entlassen und, wie sie später erfuhr, dafür dann junge Mitarbeiter für geringeres Geld eingestellt. An ihrem Gesicht sehe ich, dass sie die Erinnerung an dieses Vorgehen immer noch kränkt.

Sie schüttelt sich und meint, dass sie damals einen guten Deal ausgehandelt habe und deshalb jetzt, für ihre Verhältnisse, gut leben könne. Ich erfahre, dass Ida zu dieser Zeit auch verheiratet war. Leider sei die Ehe kinderlos geblieben und auch sonst nicht wirklich glücklich verlaufen; ihr Mann habe sie nicht immer gut behandelt und schließlich hatte sie genug von der Situation. Von dem Geld, dass der Verkauf des gemeinsamen Hauses ihr nach der Scheidung einbrachte, habe sie sich ihre jetzige Wohnung kaufen können.

Wir sitzen einen Moment schweigsam zusammen. Ich genieße die Aussicht und wie die Sonnenstrahlen mir den Rücken wärmen. Unser netter Kellner kommt und räumt die Teller ab.

Ida erzählt weiter. Die letzten Jahre habe sie mit ihrem Freund zusammengelebt - offiziell tut sie das immer noch, da es in Kanada eine Regelung für nicht verheiratete Paare gibt, die ihnen nach vielen Jahren des Zusammenlebens annähernd die gleichen Rechte und Pflichten zuerkennt wie einem verheirateten Paar.* „Das „Common Law Relationships“ kann Fluch oder Segen sein, je nachdem ob es um die eigenen Rechte oder Pflichten geht“, entfährt es Ida und sie grinst dabei.

Ab und zu fährt sie mit dem Bus in Richtung Toronto und besucht ihren Freund. Gibt es handwerklich etwas in ihrer Wohnung zu tun, kommt er auch mal nach Gravenhurst.

„Ohne eigenes Fahrzeug bin ich hier auf dem Land doch sehr eingeschränkt“, sagt sie. Ihre Schwester einfach mal so besuchen geht nicht, da es keinen gut ausgebauten öffentlichen Nahverkehr gibt.

Glücklicherweise hat der Mann der Schwester ein Auto und so bekommt sie, neben den wöchentlichen Telefonaten, hin und wieder mal Besuch.

Langsam wird es Abend und dämmrig, der Kellner kommt mit zwei Decken und fragt, ob uns kalt ist. Es ist wirklich kühl und spät geworden, die Zeit ist wie im Flug vergangen. Wir bezahlen kurze Zeit später und tauschen, bevor wir gehen, noch E-Mail-Adressen aus.

Unsere Wege trennen sich vor dem Restaurant. Zum Abschied umarmen wir uns. Sie ist wirklich sehr klein und zart.

Ida geht nach Hause in ihre Wohnung und ich weiter in Richtung Innenstadt. Eigentlich wollte ich noch zu einer Modenschau hier im Ort gehen - ein richtiges Event. Dafür ist es jetzt zu spät, aber der Nachmittag am See war so schön, dass mir das überhaupt nichts ausmacht.

*Nach meiner Recherche ist diese Aussage nicht grundsätzlich gültig, da sich die rechtliche Anerkennung unverheirateter Lebensgemeinschaften je nach Provinz oder Territorium erheblich unterscheiden kann.

Bäume und Wasser

Mein heutiges Ziel ist der Algonquin Park genauer der Golden Lake.

Das Wetter ist bewölkt, aber trocken. Damit bin ich zufrieden, nur nicht wieder Dauerregen. Ich fahre über Huntsville und erreiche schnell das West Gate des Parks. In einem kleinen Häuschen bekomme ich Informationen und ein Ticket, damit ich mein Auto im Park abstellen darf und wandern kann. Und ganz wichtig: Hier gibt es Toiletten!

Aus der Liste der in der Parkinfo aufgeführten Wanderwege entscheide ich mich zuerst für den Lookout Trail*. Eine schöne Aussicht begeistert mich immer. Am Parkplatz des Trails steht nur ein Auto. Ich sehe und höre niemanden. Der Weg ist teilweise steil und manchmal noch etwas feucht. Ich bin völlig allein unterwegs. Auf der einen Seite sehr schön, auf der anderen Seite etwas seltsam. Angst, dass ich von einem Bären gefressen werde habe ich nicht, dafür ist die Straße noch zu nah - so hoffe ich jedenfalls. Ob meine selbst gebastelte Bärenlogik überhaupt stimmt, weiß ich natürlich nicht. Auch das Sich-Verirren wird bei diesem gut ausgeschilderten Weg schwierig. Und die Worte von Lucas „Verlass bloß nicht den Weg!" klingen mir noch in den Ohren.

Aber die Gefahr, jetzt einfach so mit dem Fuß umzuknicken, die ist real. Das wäre so richtig blöd ohne Telefonempfang im Wald. Doch alles läuft gut und die Aussicht ist wirklich toll. Der kurze Trail hat sich gelohnt.

Highway 60, Algonquin Provincial Park

Gemütlich fahre ich weiter, es ist so gut wie kein Verkehr. Außer der Straße sehe ich nur Bäume. Mir fällt spontan Heinz Ehrhard ein: *„Bäume, Bäume nichts als Bäume und dazwischen - Zwischenräume."* Genial und absolut treffend. *„Und dahinter, man glaubt es kaum, noch ein Baum"* – und natürlich Wasser.

Der Parkplatz am Visitor Center ist groß und fast leer. Neben dem Gebäude beginnt ein kurzer Weg zu einer Art Aussichtsturm. Im Inneren werden vielfältige Informationen zum Park, seiner Geschichte sowie der Flora und Fauna interessant dargestellt. Eine Aussichtsplattform bietet einen Panoramablick auf die typische kanadische Landschaft - unendliche Weiten mit Bäumen und Wasser.

Der Himmel hat sich etwas verdunkelt und so mache ich mich schnell auf den Weg zum Beaver Pond Trail**. Dieser wurde mir von einer Mitarbeiterin des Visitor Centers empfohlen.

Wieder steht nur ein Fahrzeug auf dem Parkplatz des Trails und wieder treffe ich niemanden. Der Weg gestaltet sich abwechslungsreich und gefällt mir. Nach einem kurzen Anstieg bietet sich ein Blick über das Wasser. In weiter Ferne sehe ich andere Wanderer. Später staune ich über eine große, stabile Staumauer aus Holz - eine enorme Arbeitsleistung der Biber.

Auf einmal beginnt es leicht zu nieseln. Schnell zurück zum Wagen. „Laufe ich noch einen Trail oder fahre ich gleich weiter zum Motel?", höre ich mich sagen. Jetzt rede ich schon mit mir selbst! Als die Tropfen größer werden, nimmt mir der Regen die Entscheidung ab. Ich fahre direkt zum Motel am Golden Lake.

Die Lage ist top. Alle Zimmer bieten einen direkten Seeblick. Vom Bett aus kann man quasi ins Wasser fallen. Im Abendlicht genieße ich die Färbung des Himmels und die herrliche Aussicht. Auch hier zeigt sich die Auswirkung der übermäßig heftigen Regenfälle. Der Wasserstand des Sees ist höher als üblich und hat einige Bereiche des Ufers überflutet.

*Lookout Trail bei km 39,7 - 1.9 km (1 h) moderat
Steiler, zerklüfteter Rundweg mit einer herrlichen Aussicht.

**Beaver Pond Trail bei km 45,2 - 2 km (1 h) moderat
Abwechslungsreicher Rundweg mit hervorragender Aussicht auf zwei Biberteiche.

Überlandfahrt

Gemächlich über Land nach Renfrew zu fahren, um mir das alltägliche Kanada anzusehen, darauf habe ich heute Morgen Lust.

Landstraße zwischen Golden Lake und Renfrew

Die Straßen sind für kanadische Verhältnisse eng und manchmal wie ein Flickenteppich ausgebessert und holprig. Der Wald lichtet sich, Wiesen tauchen auf und Felder. Ab und an erscheint neben der Straße oder etwas zurückgesetzt ein Haus. Wie lebt es sich hier? Alles wirkt einsam. Für deutsche Verhältnisse liegen die Häuser so weit ab vom nächsten Ort - quasi im Nirgendwo. Auf einmal sehe ich an einer Wegkreuzung einen Pferdewagen, der von einem Mann gesteuert wird. Daneben sitzt eine Frau. Beide sehen für mich aus wie Amish People oder Mennoniten. Das schließe ich - bedingt durch mein aus dem Fernsehen stammenden Halbwissens - aus der Kleidung. Im ersten Moment möchte ich ein Foto machen, doch ich sitze im fahrenden Auto und die Begegnung ist ruckzuck vorbei. Schade.
Obwohl, vielleicht hätten die Leute gar nicht fotografiert werden wollen. Kurz danach bekomme ich dann doch noch ein Foto, zwar nicht mit Menschen, aber es taucht ein Schild mit Pferdewagen an der Straße auf und ich halte an und mache mein Bild.

In Renfrew merke ich, dass es zwar schön ist über Land zu fahren, ich aber nicht wirklich schnell vorankomme. Mir bleiben für die lange Fahrt von den „Highlands“ zurück an den St.-Lorenz-Strom erst mal nur die Highways. Diese bieten während der Fahrt aufgrund des Höhenunterschiedes teils spektakuläre Weitsichten. Wieder auf relativ flachem Terrain angekommen brauche ich unbedingt eine Pause.

Mittlerweile ist es sonnig und richtig warm geworden und ich habe keine Lust mehr im Auto zu sitzen. Kemptville klingt gut, da fahre ich raus. In der Clothier Street East stelle ich das Auto ab und schlendere los. Erst mal nach links über eine Brücke in die Prescott Street, scheinbar das Zentrum der Stadt mit einigen Läden. Nach einem Spaziergang bis an den Ortsrand bekomme ich Hunger. Hm, was tun? Am Anfang der Straße hing doch an einem Haus ein Bäckereischild. Wie schmeckt wohl frisches kanadisches Brot? Das werde ich jetzt herausfinden. Das Schild finde ich wieder an einem kleinen unscheinbaren Haus. Innen sieht es gemütlich aus. Ich sehe richtiges Brot im Regal und Kuchen in der Auslage. Auf einer Tafel werden belegte Sandwiches beschrieben. Oh, Mist, das klingt alles gut und sieht lecker aus. Was nehme ich nur. Der freundliche Verkäufer fragt mich schon zum dritten Mal was ich gerne möchte, aber ich weiß es noch immer nicht. Glücklicherweise kommt ein junges Paar in den Laden und so habe ich etwas mehr Zeit für meine Entscheidung. Mein Magen verlangt nach etwas Herzhaftem. Ich bestelle ein Sandwich mit wohlklingendem Namen ohne genau zu wissen wie bzw. mit was es belegt sein wird. Ich soll mich einfach setzen, sagt der Verkäufer, das Essen wird an den Tisch gebracht. Perfekt.

Nach einigen Minuten kommt eine Platte mit zwei dick belegten Sandwichteilen plus Chips. Das reicht lässig, um satt zu werden. Der Geschmack ist prima, das Brot ist total krustig und lecker. Als ich gehe, sage ich dem Verkäufer, dass es das beste Brot in Ontario sei, das ich bisher gegessen habe und mit einem Augenzwinkern bemerke ich, dass ich aus Deutschland käme und mich deshalb mit Brot auskenne. Er grinst und verspricht, das Kompliment gerne an den Bäcker weiterzugeben.

Die letzte Strecke am St.-Lorenz-Strom entlang fahre ich soweit möglich wieder über kleine Landstraßen. Gleich steht die Suche nach einer Übernachtungsmöglichkeit an. Da ich nur eine Nacht bleiben möchte habe ich nichts gebucht. Bei der Einfahrt nach Cornwall stellen sich mir einige Baustellen in den Weg. Um es einfach zu haben, fahre ich das erste Hotel auf meiner Liste an. Die Frau an der Rezeption ist sehr nett und gibt mir ein Businesszimmer mit allem Schnickschnack für kleines Geld. Schnell auspacken und nach draußen in die Sonne. Cornwall hat einen schönen Park am Wasser da verbringe ich die nächsten Stunden. Die Leute die ich dort treffe grüßen mich. Wie freundlich, ich bin verblüfft. Ob die mich mit jemand verwechseln?
In der Nähe des Hotels steht ein Einkaufszentrum, dort gehe ich abends Lebensmittel shoppen. Als Dessert kaufe ich Joghurt mit 12% Fett. Ein Glücksfall. Bisher gab es in Supermärkten nur Joghurt ohne Fett.

Good bye Ontario - Bonjour Québec

Während meiner Reiseplanung zuhause wurde ich auf die „Eastern Townships" oder wie der Franzose sagen würde „Les Cantons de l'Est" aufmerksam. Die Region liegt im Südosten der Provinz Québec und beherbergt eine große Zahl von kleinen Städten, Orten und Dörfern. Sie wird in Reiseführern meist nur kurz erwähnt. Für mich ein Grund, dahin zu fahren.

Meine Route führt zuerst am St.-Lorenz-Strom entlang. Hinter Bainsville überquere ich die imaginäre Grenze zwischen den Provinzen Ontario und Québec und bin damit wieder im französischsprachigen Gebiet.

Auf der Fahrt über die Insel Grande Île werde ich Zeugin eines Polizeieinsatzes. Ein Polizeiwagen stoppt mit Sirene und Blaulicht einen Sportwagen aus deutscher Produktion. Wie es aussieht wegen zu schnellen Fahrens. Der Einsatz wirkt aus der Entfernung sehr spektakulär und mein Fuß geht sofort vom Gas. Mit genau 100 km/h tuckere ich am Geschehen vorbei und sehe, wie der Fahrer aussteigen muss.

Die weitere Fahrt ist eher unspannend. Die Landschaft ändert sich und wird industrieller. In der Ferne sehe ich unzählige Strommasten und frage mich, wie der Strom hier wohl erzeugt wird. Strom aus Wasserkraft würde sich bei den vielen Flüssen und Seen und den Höhenunterschieden natürlich anbieten.

Die Strecke zieht sich und ich werde langsam müde. Als ich die Autoroute verlasse, wird die Umgebung ländlich und die Straßen sehr schlecht und holprig. Davor hatte mich Lucas schon in Montréal gewarnt: „Québec gibt nicht so viel Geld für den Straßenbau aus wie Ontario". Ich komme nur langsam voran und bin etwas genervt. Heute habe ich keine Lust auf eine lange Fahrt.

Endlich am Ziel in Sutton angekommen bin ich erst mal perplex. Hier tobt das Leben. Wie kann das sein in einem Ort mit ca.4000 Einwohnern?

Irgendwie komme ich mir vor wie in Frankreich. Menschen sitzen draußen in Straßencafés oder flanieren an Geschäften vorbei. Eine Gruppe Rennradfahrer fährt durch den Ort und überall wird erzählt und gelacht. Sogar eine Brauerei sehe ich bei meinem Rundgang.

Im Tourismusbüro werde ich freundlich empfangen und eine Mitarbeiterin erklärt mir sogar auf Englisch den Weg zum Hotel. Bevor ich gehe, versorgt sie mich mit einer Fülle an Informationen zur Umgebung* und dem Hausberg Mont Sutton.

In der hoteleigenen Patisserie sitzen ebenfalls viele Menschen. Sehr seltsam für solch einen kleinen Ort außerhalb der Saison. Um dem Geheimnis auf die Spur zu kommen, bestelle ich erst ein großes Schokotörtchen und frage dann die Bedienung woher die ganzen Menschen kommen. „Das sind Wochenendausflügler aus Montréal", erklärt sie mir.

Am Abend möchte ich im Restaurant der Brauerei etwas essen. Zum ersten Mal ist es wirklich schwierig für mich einen Tisch zu bekommen. Doch auch hier in Québec wird für europäische Verhältnisse früh zu Abend gegessen und so ist nach einer kurzen Wartezeit ein Platz für mich frei.

Der Kellner ist freundlich, interessiert und spricht Englisch. Er fragt, woher ich komme, was ich mache und was ich schon alles erlebt bzw. noch vor habe. Im Laufe des Gespräches erzählt er mir, dass seine Cousine schon in Deutschland war und es ihr gefallen hat. Er dagegen möchte erst einmal nicht nach Europa reisen, da er schlimme Flugangst hat und deshalb vor dem langen Flug zurückschreckt.

*Die Region Eastern Townships/les Cantons de l'Est ist bei kanadischen und amerikanischen Touristen sehr beliebt - die Grenze zur USA ist nur ca. 10 km entfernt. Amerikaner mögen diese Region, da sie hier den Eindruck des savoir-vivre haben. Den kanadischen Städtern in der Provinz Québec gefällt die Gegend da sie schnell erreichbar ist und es im Sommer wie im Winter ein großes Angebot an sportlichen Aktivitäten gibt.

Der Berg ruft

Wandern auf dem Mont Sutton ist mein Plan für den Tag. Das Wetter ist so lala, aber die Hoffnung stirbt zuletzt und so fahre ich morgens über die Rue Maple und Chemin Réal auf den Berg. Auf dem Weg nach oben, komme ich an der Talstation des Sessellifts vorbei und sehe viele Ferienwohnungen und Unterkünfte.

Hier scheint im Winter mächtig was los zu sein, denn das Skigebiet ist groß und beliebt. Heute dagegen ist alles ruhig. Oben auf dem Parkplatz an der Straße stehen nur zwei Fahrzeuge. In der Nähe sehe ich ein kleines Holzhäuschen. Hier bekomme ich Informationen zum Naturpark Mont Sutton mit seinen Wanderwegen und Picknickplätzen und kann bei Bedarf auch eine Eintrittskarte für den Park kaufen. Ich bin unschlüssig, was das Wandern betrifft, weil sich der Himmel etwas verdunkelt hat. Da schaue ich mir lieber erst mal die Umgebung an. Der Weg führt an weiteren Liftanlagen vorbei und etwas durch den Wald. An den schattigen Stellen liegt sogar noch Schnee. Auf dem Rückweg bietet sich mir ein wunderbarer Weitblick. Als es leicht zu nieseln beginnt, habe ich keine Lust mehr auf den Berg.

Ich brauche ein Alternativprogramm. Irgendwo hatte ich irgendwas über einen Ort namens Knowlton gelesen; was genau weiß ich nicht mehr - egal, da fahre ich jetzt hin.

Der Ort mit seinen historischen Gebäuden und kleinen Antikläden gefällt mir sofort. Ich schlendere einfach umher und kenne bald den ganzen Ort. Das ist keine große Leistung, denn Knowlton ist eher übersichtlich. An alten und besonderen Gebäuden stehen Hinweistafeln mit Bildern und Informationen. Etwas abseits finde ich sogar einen Fußweg an den Lac Brome. Als es wieder leicht zu regnen beginnt, suche ich mir schnell einen Platz zum Essen. An der Hauptstraße in einem sehr kleinen Restaurant werde ich fündig. Die 5 Tische sind mit mir jetzt alle besetzt.

Direkt am Nebentisch sitzen drei Männer die zusammen geschätzt an die 250 Jahre alt sind. Sie plaudern munter auf Französisch, machen dazwischen immer wieder Gesprächspausen, um andächtig ihre Suppe zu schlürfen oder ein Stück Baguette in selbige zu tauchen und dieses dann andächtig schmatzend zu essen.

Es ist kurzweilig, diesen alten Herren zuzuschauen und ich muss schmunzeln wegen ihrer Mimik und Gestik beim Erzählen. Wie schade, dass meine Sprachkenntnisse auf diesem Gebiet nur rudimentär vorhanden sind, so verstehe ich nicht wirklich, was sie sich Spannendes oder Lustiges zu erzählen haben. Auf jeden Fall wirkt es auf mich, als ob sie sich gut miteinander amüsieren.

Zwischenzeitlich hat es aufgehört zu regnen und ich beschließe, weiter um den See zufahren. Kurz nach dem Ortsausgang steht ein Hinweisschild mit der Aufschrift „Plage Douglas". Dem Schild folgend fahre ich auf einen Parkplatz.
Von hier aus sind es nur wenige Schritte an den See. Bänke, Tische und eine Liegewiese laden bei gutem Wetter zum Verweilen ein. In der Sommersaison von Ende Juni bis Ende August ist sogar der Kiosk geöffnet. In den Eastern Townships fühlt sich Kanada für mich an wie Europa. Kleine Orte mit Restaurants und Läden, enge Straßen, Ausflugsmöglichkeiten, Fahrradstrecken, Wanderwege, Berge und Seen in einer überschaubaren Landschaft. Alles sehr schön, aber irgendwie nicht das Kanada, das ich mir vorgestellt habe.

Abends im Hotel überlege ich wie meine Tour weitergeht. Bleibe ich hier oder fahre ich in die USA, die Immigration habe ich ja. Beide Möglichkeiten gefallen mir nicht, da der Wetterbericht regnerisches Wetter für die nächsten Tage vorhersagt. Meine Recherche im Internet bringt mich auch nicht weiter. Ich bin unschlüssig, drehe mich im Kreis und werde unzufrieden. Da muss ich wohl jemand Außenstehendes befragen. Schnell schicke ich Nachrichten an eine Freundin und an Lucas mit der Frage: Wo soll ich hinfahren? Die Antwort von Lucas kommt sofort. Er sendet nur zwei Worte: Québec City.

Hm, eigentlich wollte ich nicht mehr so viel Auto fahren. Was mache ich jetzt? Was sagt der Wetterbericht? Er sagt Sonne in Québec City.

Obwohl es schon spät ist schicke ich eine Mail an ein B&B und bekomme überraschenderweise sofort eine Antwort. Sie haben ein Zimmer frei, ich kann kommen. Das B&B befindet sich nicht direkt in Québec City, sondern auf der anderen Seite des St.-Lorenz-Stroms, in Lévis. Das macht gar nichts. Es gibt eine Fährverbindung und das Haus und die Zimmer sehen schön aus.

O.k, dann soll es wohl so sein. Morgen geht's los.

Zurück ins städtische Leben

Auf meinem Weg Richtung Nordosten liegt am Abfluss des Sees Lac Memphrémagog, die Stadt Magog. Ein optimales Ziel für einen Stopp. Da der größte Teil der heutigen Etappe über Autobahnen führt, gondle ich bis Magog gemütlich über kleine Landstraßen und sehe neben den obligatorischen Bäumen und Seen auch landwirtschaftlich genutzte Flächen. Magog ist, so scheint es mir, das touristische Zentrum der Umgebung, mit Parks, einem kleinem Jachthafen und langer Einkaufsstraße. Hier finden sich aller Arten von Geschäften, Cafés, Restaurants und Souvenirshops. Auf mich wirkt das bei einem kurzen Bummel durch die Stadt zu touristisch, nach der ländlichen Abgeschiedenheit der letzten Tage. Vielleicht bietet sich auf dem weiteren Weg noch ein interessanter Stopp an.

Nach einem mittlerweile routinierten Tankstopp im Gewerbegebiet der Ausfallstraße beginnt meine Autobahnfahrt nach Lévis. Hinter Sherbrooke lichtet sich der Verkehr und ich habe das Gefühl fast alleine unterwegs zu sein. Was für ein komfortables Fahren. Orte sehe ich kaum an der Strecke. Ich bin so im Fahr-Flow, dass ich bei Drummondville ohne eine Pinkelpause auf den Trans-Canada Highway East bzw. die Route Transcanadienne l'Est abbiege. Schon bald merke ich, dass das ein großer Fehler war.

Felder, Bäume und einzelne Häuser, auch mal eine Werkstatt oder ein Handwerksbetrieb, prägen das Bild. Sonst nichts. Warum bauen Menschen ihr Haus an den Highway mit Verkehrslärm Tag und Nacht, wenn es so viel Platz drumherum gibt? Eine Frage, die ich mir nur spekulativ beantworten kann. Vielleicht, um einen kurzen Weg zur Autobahnauffahrt zu haben? Keine Ahnung. Für mich jedenfalls der denkbar ungeeignetste Platz zum Wohnen.

Die Straße ist kerzengerade und die Fahrt wird Mangels optischer Ablenkung langsam langweilig. Meine Blase drückt weiter. Hier gibt es keine Raststätten wie in Ontario. Ich lenke mich mit dem Radioprogramm ab und überlege, was zu tun ist. Abfahren und mich hinter einen Busch setzen ist die allerletzte Option. Auf einmal sehe ich den Hinweis auf eine Tankstelle in nicht allzu weiter Entfernung. Das ist die Rettung. Ich fahre raus.

Zwei Zapfsäulen und ein kleines Gebäude mit einem Verkaufsraum, die Tankstelle ist übersichtlich. Doch wo sind die Toiletten? Ich sehe kein Schild. Mit meinem besten Schulfranzösisch frage ich den Mann an der Kasse nach der Toilette. Er wirkt völlig tiefenentspannt und lässt sich mit seiner Antwort Zeit. „Ja, wir haben eine Toilette". Schön, denke ich. „Und wo", frage ich angespannt. „Einfach zur Tür raus und um die Ecke gehen. Möchtest du sonst noch etwas?". Diese Frage kann ich ihm nicht mehr beantworten, denn ich bin schon draußen. Gehe ich jetzt rechts oder links um die Ecke? Spontan gehe ich nach rechts und ja, an der Seite befindet sich eine Tür und dahinter ist die Toilette - meine Rettung!

Das Haus von Anne, meiner Gastgeberin in Lévis wirkt herrschaftlich mit imposantem Treppenaufgang und befindet sich in einem gepflegten Garten. Parkplätze sind auf dem Grundstück genügend vorhanden und die Lage ist perfekt. Das Zimmer im ersten Stock gefällt mir sehr gut, das Bett ist toll, das dazugehörende Bad riesig und das Beste: Vom Fenster aus sehe ich in der Ferne das Wahrzeichen von Québec City, das bekannte Château Frontenac. Meine Gastgeberin verständigt sich mit mir auf Französisch gespickt mit einigen englischen Worten. Das funktioniert super und wir verstehen uns gut. Ich erfahre, dass außer mir noch drei Business-Gäste hier wohnen. Zwei junge Japaner und eine Französin, die alle mehrere Monate hier verbringen. Das Wetter ist sonnig und warm. So mache ich mich gleich auf um die Stadt und den Weg zur Fähre zu erkunden.

Im kleinen Zentrum sehe ich neben Läden und Restaurants sogar eine Eisdiele mit einer kleinen Schlange an Menschen davor. Beim ziellosen Umherschlendern komme ich an schönen Gebäuden und Aussichtspunkten mit einem wunderbaren Blick auf Québec City vorbei. Der Ausblick über den St.-Lorenz-Strom ist wie auf einer Postkarte. Ich hab wirklich Glück mit dem B&B und Lévis und dieser genialen Aussicht.

Blick von Lévis auf Québec City

Europa, oder was?

Der Blick von der Fähre aus auf Québec City im sonnigen Morgenlicht ist ein Traum. Mit der Sonne im Rücken gelingen tolle Fotos. Die Fahrt über das Wasser fühlt sich so einfach an wie Bus fahren. Obwohl auch Fahrzeuge mit über den St.-Lorenz-Strom genommen werden, funktioniert alles zügig, reibungslos und völlig entspannt.

Zufrieden und gut gelaunt stehe ich auf dem Oberdeck und lasse mir den Wind durch die Haare wehen. Um ein Erinnerungsfoto zu haben, spreche ich ein älteres Paar an und frage, ob sie mich mit der Stadt im Hintergrund fotografieren könnten. „Yes, of course." Sie machen das gerne und sofort. Später, beim Betrachten des Fotos im Display, sehe ich, dass viel blauer Himmel auf dem Foto, dafür aber mal wieder eine meiner Hände zur Hälfte abgeschnitten ist und muss grinsen. Dann mache ich halt doch wieder ein Selfie ganz ohne Arme und Hände.

Vom Fährterminal ist es nur ein Katzensprung in die Altstadt. In den engen Gassen, mit den alten Häusern, den vielen Touristen und Souvenirshops fühle ich mich wie in einer europäischen Stadt mit historischem Stadtkern.

Amerikanische Touristen, die sich - zumindest wurde es mir so erzählt - keinen Urlaub in Europa leisten können, besuchen als Alternative Québec City um den Flair einer „alten", europäischen Stadt zu erleben. Das kann ich jetzt absolut nachvollziehen.

Hier lasse ich mich einfach treiben. Für den Anfang bleibe ich in der Unterstadt und schaue mir, wie ich später merke, den künstlerischen Stadtteil an. Hier reihen sich schöne Plätze, die Kirche Notre-Dame-des-Victoires, Galerien, Designläden, Museen, Cafés und Restaurants aneinander. Besonders gefällt mir das Québec City Mural oder La Fresque des Québécois, eine riesige Wandmalerei zur Geschichte und den Bewohnern der Stadt. Sie beeindruckt nicht nur mich. Gerade Jugendliche stellen sich neben die lebensgroß gemalten Personen und machen Späße mit den dargestellten Persönlichkeiten. Hier ist der ideale Ort für eine Rast.
Falsch, hier wäre der ideale Ort für eine Rast gäbe es nicht eine besondere Art von Straßenmusikanten. In Deutschland sind es die immer und überall auftretenden Panflötenspieler, die einem irgendwann auf die Nerven gehen. Hier ist es ein Alleinunterhalter mit transportablem Keyboard, der dermaßen schwülstige Musik spielt, dass der mit Menschen gut gefüllte Platz innerhalb weniger Minuten wie leergefegt ist.

Wie ich später merke, verstecken sich in der Altstadt noch mehr dieser Alleinunterhalter. Ihr Repertoire unterscheidet sich nicht wirklich voneinander und sie lassen die Menschen in ihrer Umgebung regelmäßig flüchten. Normalerweise gefallen mir kreative Straßenmusik und Kleinkunst, die die Innenstädte beleben, aber dieses nervtötende Gedudel ist richtig anstrengend und passt so gar nicht zur Kulisse.

Mal sehen, was die Oberstadt zu bieten hat. Ich hoffe auf eine schöne Aussicht und erhalte diese umgehend.
Von der Terrasse Dufferin vor dem berühmten Château Frontenac ist der Blick nach Lévis und der Île d'Orléans, einer großen Insel im St.-Lorenz-Strom, hervorragend. Auch sonst ist die Terrasse mit dem Monument Samuel-De Champlain, den vielen Bänken und dem angrenzenden Park des Gouverneurs ein angenehmer Platz. Hier lassen sich alle Arten von Touristen und deren spezifischen Verhaltensweisen aufgeteilt nach Ländern studieren. Von den Japanern mit Sonnenschirm, zu den Amerikanern mit Flipflops bis zu den Europäern mit Reiseführern. Ein Open-Air-Theaterspiel mit wechselnden Akteuren, das spannend und kurzweilig ist.

Welche Aussicht bietet sich am Ende der Terrasse hinter der Kurve? Das will ich wissen und gehe dorthin. Mehrere Treppen führen immer weiter nach oben zur Promenade des Gouverneurs. Eine Schulklasse kommt mir beim Aufstieg entgegen, sonst sind nur wenige Menschen hier unterwegs. Die Promenade führt an der Rückseite der Zitadelle vorbei. Die Bäume haben nur wenig bis keine Blätter und so versperrt nichts die Aussicht. Am Ende des Weges wartet ein Park oder der Weg zurück in die Oberstadt.

Blick von Lévis auf Québec City
Das Château Frontenac, davor die Dufferin Terrassen und rechts das Monument Samuel de Champlain
Mittig links, die Treppen zur Promenade des Gouverneurs. Mittig rechts der Aufzug Funiculaire du Vieux-Québec.

Bon appétit !

Die Stadt ist sehr grün und an jeder Ecke lässt sich etwas entdecken. Am Porte Saint-Jean wird es auf einmal hektisch. Menschenmassen um mich herum. Wo kommen die alle her? Sind das Touristen? Die Fragen klären sich schnell. Ich erkenne Büromenschen, die leicht an den um den Hals getragenen Lanyards zu identifizieren sind. Es ist Mittagszeit und alle Bürogebäude der Umgebung spucken gleichzeitig ihre hungrige Belegschaft aus. Keine Chance, in der Rue Saint-Jean jetzt einen schönen und ruhigen Platz zum Essen zu finden.
Hier tobt das Leben. Restaurants und Läden wechseln sich ab, dazwischen tummeln sich neben den Mittagspausenmenschen, viele Schüler, Straßenarbeiter und einige Touristen.

Ruhiger wird es in der Einkaufsstraße Côte de la Fabrique. Dort, gegenüber des Rathauses, laden verschiedene Boutiquen und Geschäfte zum Shoppen ein. Das ganze Gebiet ist interessant und so verlaufe ich mich absichtlich, um einen Blick hinter die Kulissen der touristischen Hauptpfade zu werfen.

Québec City, Rue Hébert

Meine Füße tun vom vielen Laufen langsam weh. Sightseeing den ganzen Tag ist anstrengend. Jetzt die Schuhe ausziehen wäre toll. Doch daraus wird nichts in den staubigen Straßen der Stadt. Deshalb geht es mit Schuhen zurück in die Altstadt. Dort schaue ich mich nach einem Restaurant für das Abendessen um. In einer engen Gasse werde ich fündig. Ein schönes

Steinhaus mit viel Dekoration zieht meinen Blick auf sich. Was genau über der Tür mit großen Lettern angeschrieben ist oder welche Gerichte auf der Speisekarte stehen sagen mir meine wenigen französischen Sprachkenntnisse nicht. Da bleibt nur hineingehen und ausprobieren. Und wieder ist das Glück auf meiner Seite. Ohne Reservierung ergattere ich den letzten freien Tisch. Zwei junge Frauen, die nur wenige Minuten nach mir kommen werden abgewiesen.

Was bestelle ich?
Es gilt das Rätsel der Speisekarte zu lösen. Der Kellner lüftet das Geheimnis für mich und erklärt auf Englisch: „Wir sind ein Spezialitäten-Restaurant. Hier wird Kaninchen auf verschiedene Arten zubereitet". Ups, was jetzt? Erstmal einen Überblick verschaffen, denke ich mir.

Der Kellner reicht mir eine englische Karte. Rauf und runter lesend überlege ich, auf was ich Hunger habe. Hmm, nach Kaninchen gelüstet es mich gerade nicht. Für Vegetarier werden Nudeln mit Gemüse angeboten.
Das passt.

Die meisten Gäste, oder wahrscheinlich alle außer mir, kommen um eines dieser speziellen Kaninchengerichte zu probieren. Die servierten Teller mit den darauf drapierten Speisen werden an den Tischen mit asiatischen Gästen sehr intensiv begutachtet, probiert und dann lautstark ausdiskutiert. Das ist lustig und sehr spannend zu beobachten.

Europäische oder kanadische Gäste dagegen machen kein großes Aufheben um das, was auf ihren Tellern liegt. Mir schmeckt meine vegetarische Wahl. Satt und zufrieden mache ich mich auf den Weg zur Fähre.

Und wieder freue ich mich, in Lévis zu wohnen. Auch im Dunkeln ist der Blick vom Wasser aus auf Québec City sehr schön.

Île d'Orléans

Keine Fähre benutzen und es möglichst vermeiden Wege doppelt zu fahren - außer Brücken -, das ist meine Herausforderung für den Ausflug auf die Île d'Orléans, die über 30 km lange Insel im St.-Lorenz- Strom.

Den Hinweg verbinde ich mit einem kurzen Besuch in einem Outdoor-Laden im Gewerbegebiet von Québec City, wobei Laden wohl das falsche Wort für dieses mehrere Turnhallen große Geschäft ist. Mit großen Augen staunend und teils entsetzt schaue ich mir die unzähligen Gerätschaften, Hilfsmittel, Werkzeuge, Dinge, Kleider und Waffen an. Ich bin völlig überfordert von Angebot und Auswahl. Es sollte nur ein kleiner Abstecher für einen kurzen Einkauf sein und keine tagesfüllende Beschäftigung. Schnell verlasse ich die Halle und setze meine Fahrt auf die Insel fort.

Der Weg führt mich durch verschiedene Stadtteile. Interessant wie die Stadt außerhalb des Zentrums aussieht. Die Strecke über die lange Brücke auf die Insel genieße ich. Das Gefühl, eine europäische Landschaft zu sehen überfällt mich bei der Fahrt über die Île d'Orléans. Felder, Wiesen, kleine Straßen, einzelne Häuser und kleine Orte, alles wirkt überschaubar, freundlich und irgendwie vertraut.
An der westlichen Spitze in Sainte-Petronille halte ich an, wandere umher und schaue rechterhand hinüber zum Parc de la Chute-Montmorency mit seinem gut sichtbaren Wasserfall und den Felsen und linkerhand zur Stadt. Beim Fotografieren passiert auf einmal nichts mehr, der Akku in der Kamera stellt seine Leistung ein. Blöderweise liegt der Ersatz-Akku im Zimmer. Da bleibt nur das Smartphone für Erinnerungsfotos.

Die Hauptstraße Chemin Royal, QC 368 umrundet die Insel und führt auf der Südseite teils direkt an deren Rand entlang. So bieten sich schöne Ausblicke auf das Festland.

Auf der Weiterfahrt vermeldet mein Magen wieder einmal „Hunger". Mir fällt ein, dass es auf der Insel einen Imbiss mit Hummer-Sandwiches geben soll. Das ist hier nicht irgendwie etwas Besonderes, sondern ganz normal, vielleicht vergleichbar mit einem Salamibrötchen in Deutschland. Auf der Querverbindungsstraße Route Prévost finde ich das Essensangebot das ich suche.

Das Haus steht direkt an der Straße. Im Verkaufsraum mit einigen Tischen fühle ich mich wie im Schlemmerparadies. Optisch schön dargebotene

Leckereien in der Auslage lachen mich an. Alles sieht sehr gut aus. Nach einigem Abwägen der Frage süß oder herzhaft, fällt meine Wahl auf besagtes Hummer-Sandwich kombiniert mit verschiedenen hausgemachten Salaten. Ich setze mich an einen Tisch und beobachte während des Essens die Menschen, die hier zu Mittag essen oder Leckereien für Zuhause einkaufen.

Wieder auf dem Festland, wähle ich für die Rückfahrt eine Route am Ufer des St.-Lorenz-Stroms entlang und an der Altstadt von Québec vorbei. An einem Park, der direkt an beiden Seiten der Straße liegt, stoppe ich. Neben Grünflächen und Pflanzen lädt Open Air Kunst die Besucher zum Verweilen ein.
Ist das Kunst?
Eine, auf den ersten Blick unscheinbare Betonmauer beeindruckt mich. In die normal aussehende Wand wurden senkrechte Linien gefräst. Diese ergeben, je nach Blickwinkel, ein Bild der Stadt mit Umgebung. Toll!

Boulevard Champlain, Kunst nahe Quai des Hommes

Etwas weiter in Richtung Wasser lässt es sich gemütlich rasten und man kann den vorbeifahrenden riesigen Schiffen zuschauen.

Zurück in Lévis steht für's Abendessen einkaufen auf dem Programm. Das Essensangebot in den Supermärkten der Provinz Québec ist vielfältiger und europäischer als in Ontario. Über die große Auswahl an Käse, Brot und Obst bin ich sehr erfreut. Der französische Einfluss ist direkt erkennbar.

Navi-Abenteuer

Hitze und sandiger Wind begleiten heute meine Fahrt. An der Nordseite des St.-Lorenz-Stromes verläuft die Route nach Trois Rivières. Die Stadt liegt in etwa mittig zwischen Québec City und Montréal am Fluss Rivières Saint-Maurice, der dort in den St.-Lorenz-Strom mündet.
So völlig ohne Idee, was es in der Stadt zu sehen gibt, fahre ich, dort angekommen, einfach dem Fragezeichen nach und lande direkt in der Innenstadt in der belebten Straße Rue Notre Dame Centre.
Im dortigen Touristenbüro erhalte ich ein Rundum-Sorglos-Paket. Neben vielen Informationen zur Stadt, Kultur, Walks und Umgebung, gibt es hier Karten und Souvenirs zu kaufen, eine Toilette und sogar ein kostenfreies Parkticket für ein nahegelegenes Parkhaus. Das ist Service!

Froh, mich nach der Fahrt endlich bewegen zu können, folge ich dem in der Tour Guide Broschüre beschriebenen Weg. Die Stadt ist angenehm geschäftig. Mittlerweile ist es Mittagszeit und viele Menschen sitzen auf den Terrassen der Restaurants beim Essen. An einem Park mache ich eine kurze Pause im Schatten. Jetzt ist es richtig heiß und drückend und auch der warme Wind bringt keine Abkühlung. Eine Straße in der Nähe mit schönen Häusern, die teils bewachsen sind oder Steinfassaden haben, zieht mich an. Gleich am Anfang sehe ich ein kleines Restaurant mit Tischen, Bänken und Sonnenschirmen vor der Tür – der ideale Ort, um etwas zu essen.

Als ich weitergehe, stutze ich auf einmal. Ein Steinhaus mit Balkon und Hund. Eigentlich nichts Ungewöhnliches, aber der Hund liegt außerhalb des Balkongeländers im ersten Stock und die Lücken zwischen den Stäben des Geländers sind schmaler als der Hund breit ist. Wie geht das?
Ist das ein Fake-Hund? Nein, er bewegt den Kopf und schaut mich kurz an. Komisch. Wie kommt der Hund vor das Geländer? Mir gelingt es nicht, das Rätsel zu lösen.

Am Place Pierre-Boucher mit seinem Obelisken und den Fontänen und je einem Denkmal rechts und links gehe ich vorbei, direkt zur Terrasse Turcotte am Wasser. Normalerweise ein angenehmer belebter Platz doch heute bei weit über 30°C im Schatten wie ausgestorben.

Trotz Hitze ist Trois-Rivières eine angenehme und interessante Stadt und so würde ich gerne einige Tage hier verbringen. Das ist leider unmöglich, da morgen mein Flug zurück nach Hause geht. Mir fällt wieder mein Gedanke von der Reise vor der Reise aus Brockville ein. Vielleicht wird schon

bald eine Vorab-Reise als virtuelles Erlebnis vor der eigentlichen Tour angeboten. Ob sowas wirklich hilft, den idealen Ort für sich zu finden oder ob Menschen dann überhaupt noch in ferne Länder reisen, wenn sie doch alles virtuell erleben können - wer weiß das heute schon?
Das Schöne an einer Reise ist für mich gerade auch das Überraschende und Ungeplante vor Ort.

Genug gedacht. Erschöpft von der Hitze beschließe ich weiterzufahren, um auf der Île de Montréal auf den Highways um die Stadt nicht in die ganz schlimme Rushhour zu kommen.

Ich habe Glück: Der Verkehr fließt trotz vieler Baustellen einigermaßen zügig um Montréal herum und so denke ich, bald mein heutiges Hotel zu erreichen.

Doch dem ist nicht so. Das Navi führt mich ins Gewerbegebiet von Vaudreuil-Dorion und weiß dann nicht weiter. Oh, shit!

Auf dem Parkplatz eines öffentlichen Gebäudes spreche ich zwei Frauen an und frage sie, ganz old fashioned, nach dem Weg. „Ja, da gibt es ein ganz neues Hotel, es muss irgendwo in diese Richtung sein", erklären sie mir und deuten in die Richtung aus der ich gekommen bin. Aha. Ich bedanke mich, fahre in die gezeigte Richtung und finde kein Hotel.

Um nicht wieder auf den Highway zu gelangen, biege ich in eine enge Straße ein die mich zu einem Gartenmarkt führt. Auf dem Parkplatz sehe ich außer einer Frau keine weiteren Personen. Ich probiere mein Glück und spreche sie an. Sie ist geschätzt an die 90 Jahre mit von Falten zerfurchtem Gesicht und, wie ich beim Fragen merke, stark schwerhörig.

Nachdem ich sie mit meiner Frage angeschrieen habe, antwortet sie überaus höflich „Oh my dear, I'm terribly sorry, but I don't know the hotel". Oh nein, wieder nichts.

Etwas gefrustet und im Grunde ziellos fahre ich weiter. Mein Plan ist es, systematisch die Straßen abzufahren und zu schauen, ob ich ein Hotel oder besser, mein gebuchtes Hotel sehe.

Ich habe so dermaßen überhaupt keine Lust mehr zu suchen und wünsche mir nur noch eine Dusche. Das Navi wechselt permanent die Richtung und ich schalte es entnervt aus.

Den nächsten Stopp lege ich auf einem großen Parkplatz mit verschiedenen Läden und Geschäften drumherum ein. Jetzt kommt mal ein Mann an die Fragereihe, denke ich und gehe los, um einen wissenden Mann zu finden.

Der Mann mittleren Alters will gerade in sein Auto steigen als ich ihn anspreche und nach dem Weg zum Hotel frage. „Hm, das Hotel kenne ich nicht, keine Ahnung", sagt er. Gleich darauf schiebt er nach, dass er mir ein anderes Hotel empfehlen kann. Und zwar zufällig das Hotel in dem er arbeitet und das auf jeden Fall noch Zimmer frei hat.
Na toll.

Freundlich, aber bestimmt lehne ich ab und erkläre ihm, dass ich eine feste Reservierung habe und unbedingt zu meinem besagten Hotel muss.

Die Sonne sticht noch immer erbarmungslos vom wolkenlosen, tiefblauen Himmel. Vor lauter Verzweiflung singe ich leise den Song der 2Raumwohnung in abgewandelter Form vor mich hin „36 Grad und es wird noch heißer. Mach den Beat nie wieder leiser. 36 Grad, kein Ventilator. Das Leben kommt mir ganz schön hart vor". Dabei probiere ich, mein verschwitztes T-Shirt, das mir am Rücken festklebt, zu ignorieren.

Als mein Blick so über das Gelände schweift, sehe ich zwischen den Läden eine Bankfiliale. Vielleicht gibt es dort Internet und ich kann selbst schauen wo sich das Hotel befindet, schießt es mir in den Kopf. Da ich eine Reservierungsbestätigung des Hotels habe und im richtigen Ort bin, muss es irgendwo sein, so meine logische Schlussfolgerung.

Im Schalterraum ist es kühl. Wie schön. Ich gehe zielstrebig an eine Kasse und schildere der Frau mein Problem.
„Ja, ich kenne das Hotel, es ist nur 2 Minuten entfernt", sagt sie mir. Ich bin sowas von erleichtert. Ob sie mir bitte den Weg zeigen kann, frage ich. Kurzerhand schließt sie ihre Kasse, gibt einer Kollegin Bescheid und begleitet mich zur Tür. Als sie hört, dass ich alleine unterwegs bin, legt sie mir motivierend die Hand auf die Schulter und erklärt leicht verständlich den Weg.

Die Straße zum Hotel gleicht einer Schotterpiste, hier wäre ich nie entlanggefahren. Da in diesem Gebiet alles neu gebaut wurde bzw. noch im Bau ist hat das Navi die Straßen nicht abgespeichert. Ich bin unglaublich froh, als ich endlich das Hotel-Logo sehe.

Mein gebuchtes Zimmer ist groß, kühl und riecht noch neu. Völlig geschafft falle ich auf das Bett. Endlich!

Nach einer ausgiebigen Dusche und kleinen Ruhepause geht es mir besser und ich wage mich nach draußen, um mir zu Fuß die nähere Umgebung anzuschauen. Über die aneinander angrenzenden Parkplätze gelange ich zu den neu gebauten Läden und Restaurants.

Mein Blick fällt auf einen riesengroßen Outdoor-Laden. In so einem war ich in Québec City schon einmal. Zu großen Shopping-Aktionen bin ich heute nicht mehr fähig, aber ein kleiner Besuch dort geht noch. Ich habe ja Zeit.

In aller Ruhe schaue ich mir das riesige Warenangebot an und kaufe kleine praktische Mitbringsel, wie einen Taschenkompass für Kinder, schnell trocknende Mini-Micro-Handtücher die man am Rucksack festhaken kann und kleine Notfall-Leuchten, für meine Lieben Zuhause.

Später, nach einem schnellen Essen im Fast Food Restaurant, bin ich zu nichts mehr fähig und gehe früh schlafen.

Westliche Île de Montréal

Am Nachmittag geht mein Flug zurück nach Deutschland.
Nach dem obligatorischen Hotel-Toast-Frühstück packe ich meinen Koffer und hoffe, mit den Einkäufen der letzten Wochen nicht über 20 kg zu kommen. Ich bin etwas traurig, da ich gerne noch bleiben würde, gerade jetzt, wo es nicht regnet. Auf Zuhause habe ich irgendwie keine Lust.

Nach dem Auschecken möchte ich mich von Lucas verabschieden und ihm für seine guten Informationen und Tipps danken.

Die Fahrt zu Lucas verläuft ohne Stau. Er wohnt in einer schönen und ruhigen Wohngegend mit vielen Einfamilienhäusern. Wir trinken einen Tee und ich erzähle ein wenig über meine „Kanada-Abenteuer". Die Reise war für mich sehr beeindruckend und ereignisreich. Die Menschen, die ich getroffen habe waren immer sehr freundlich und hilfsbereit. Lucas freut sich über meine positiven Erfahrungen und empfiehlt mir beim Abschied den Ort Pointe-Claire zu besuchen. Dieser liegt nur wenige Kilometer vom Flughafen entfernt.

Doch zuerst fahre ich nach Sainte-Anne-de-Bellevue. Gemütlich schlendere ich dort durch den kleinen Ort, setze mich an der Canal National Historic Site auf einen Liegestuhl ans Wasser und hänge so meinen Gedanken nach.

Gefühlsmäßig befinde ich mich gerade in einer Zwischenzeit. Zwar in Kanada, mit vielen Ideen, was ich gerne noch anschauen und erleben möchte, aber auch kurz vor dem Rückflug mit begrenztem Zeitbudget und dem Druck, pünktlich am Flughafen sein zu müssen.

Um nicht in eine depressive Stimmung zu verfallen, mache ich mich auf den Weg nach Pointe-Claire. Die Häuser, die ich auf der Fahrt von der Straße aus sehen kann und die in großen Gärten stehen, gefallen mir. Hier lässt es sich bestimmt gut leben. Obwohl die Metropole Montréal in der Nähe ist, fühle ich mich wie auf dem Land. Doch was für einen Job muss man haben, um sich solch ein Anwesen leisten zu können? Mit einem normalen Gehalt wird das nichts. Da bleibt mir nur, weiter davon zu träumen.

Ich bekomme mal wieder Hunger. In Pointe-Claire angekommen, suche ich schnell einen Parkplatz. Um einen Platz zum Essen zu finden, gehe ich die Straße Chemin du Bord-de-Lac mit Restaurants und Läden entlang.

Soll ich etwas Herzhaftes essen oder eher etwas Süßes?
Hm, was will ich denn? Als ich eine Patisserie sehe und hineingehe ist klar, dass ich etwas Süßes will. Alles sieht lecker aus und so dauert es einen Moment bis ich mich entscheiden kann. Etwas Nervennahrung gegen den Abschiedsschmerz ist jetzt das Richtige.

Mit einem Obsttörtchen inklusive schokoladigem Boden und einem Kaffee setze ich mich an einen der Tische vor dem Laden in die Sonne und beobachte das geschäftige Treiben. Heute ist es wieder heiß und sonnig und ich bin etwas schläfrig. So könnte es von mir aus noch einige Tage weitergehen. Genießen, kombiniert mit Nichtstun.

Doch es hilft alles nichts, die Uhr tickt. Ein letzter Spaziergang an den St.-Lorenz-Strom, ein langer Blick über das Wasser und dann bleibt nur die direkte Fahrt zum internationalen Flughafen Montréal-Pierre-Elliott-Trudeau.

Keine Baustelle, kein Stau und alle Ampeln auf Grün, der Weg zum Flughafen nach Dorval ist kurz und entspannt.

An der Mietwagenstation gebe ich das Auto, ruckzuck, zurück. Erst jetzt realisiere ich, dass sich der Kilometerstand um über 4000 km erhöht hat. Bin doch ganz schön rumgekommen, denke ich und mache mich mit meinem Gepäck auf in Richtung Terminal, um für meinen Rückflug einzuchecken.

Zurück

Im Terminal werden meine schlimmsten Befürchtungen war. Beim Einchecken an einem dieser seelenlosen Kästen, zeigt dieser mir einen Mittelplatz im Flugzeug an.
„Hey, du, das geht gar nicht. Ich kann keine 8 Stunden zwischen zwei Menschen eingequetscht sitzen. Wo sollen da meine Beine hin", sage ich zu dem Gerät. Doch der Kasten ist abweisend zu mir und lässt mich den Sitzplatz nicht ändern. So ein Egoist! Wo ist menschliche Hilfe? Die Frau des Servicepersonals schaut sich am Display des Kastens mein Dilemma an und sagt schließlich emotionslos: „Den Platz kann man nicht mehr ändern". Mir wird heiß und kalt und richtig übel. Oh nein. Die „Ich habe keinen Platz!" - Horrorgeschichten besetzen sofort meinen Kopf. Eine Lösung muss her.

Ich frage die Frau von der Fluggesellschaft, ob es eine andere Möglichkeit gibt, am Sitzplatz noch etwas zu ändern. Man liest doch immer wieder von Upgrade-Geschichten im Internet oder hört in Erzählungen von Bekannten von Bekannten von Bekannten, von Menschen also, die man nicht persönlich kennt, von Stories, in denen diese sich ohne Grund auf einmal in der First Class wiederfinden. Mir ist das noch nie passiert. Für mich klingt das wie die Spinne in der Yucca Palme. Auch saß noch nie der Mann meines Lebens in der Bahn neben mir, geschweige denn, im Flieger. Aber vielleicht ist heute der Tag aller Tage. Wer weiß?

Mein vorrangiges Ziel ist jedoch nicht, einen netten Sitznachbarn zu finden - obwohl das auch ganz schön wäre - sondern einen Platz am Gang mit etwas Beinfreiheit. Die Frau von der Fluggesellschaft sagt, und da fällt mir ein Stein vom Herzen, dass es doch noch eine Möglichkeit gäbe. Am Gate, beim Boarding, sehen die Kollegen, ob freie Sitzplätze angezeigt werden oder ob eine Person nicht zu ihrem Flug erscheint. Dort soll ich fragen. Hoffnung keimt in mir auf und ein Plan. Ich werde die Erste sein, die an den Schalter geht, wenn er öffnet.

Und so ist es dann auch. Im Wartebereich des Gates, mit einem Platz in Sichtweite des Schalters spurte ich los, als sich Personal nähert. Ich schildere meinen wirklich wichtigen Wunsch am Gang zu sitzen, strecke mich dabei, um noch größer zu wirken und lächle die Frau am Computer freundlich an. Sie schaut nach und sagt: „No problem". Schwupps habe ich eine neue Bord-Karte in der Hand und bin zufrieden.
Das war einfach.

Im Flugzeug sitzen nur Männer um mich herum. Schweigsame Männer, die sich nicht bewegen. Schlafende Männer, die schwer atmen. Ernst dreinblickende Männer, die wichtige Zeitungen lesen oder Multimedia-Männer, die ihre Umgebung an ihrem Computer und dessen installierten Programmen teilhaben lassen. Das sieht nicht nach einer netten Unterhaltung aus.

Die Filmauswahl on board ist vielfältig und ein Zeitvertreib und nach dem Essen wird es langsam dunkel. Jetzt kann ich vor mich hindösen und meinen Gedanken nachhängen.

Ohne besondere Vorkommnisse geht der Flug vorüber und mein Koffer wird vom Gepäckband flugs ausgeworfen, so dass ich in Frankfurt den Flughafen schnell verlassen kann. Deutschland hat mich wieder. Es ist Samstagmorgen und die Welt ist noch schläfrig. Doch eine Freundin steht schon vor dem Flughafen und wartet auf mich mit einem selbstgemalten Papierbanner, auf dem „Welcome back" steht. Wie schön!

Wir fallen uns in die Arme. Ich freue mich sehr, sie zu sehen und bin froh, nach der Zeit in Kanada jetzt erst mal nicht alleine zu sein. Ihr Plan ist es, gemütlich frühstücken zu gehen. Super Idee, nach dem bitteren Kaffee im Flugzeug.

Beim Bäcker merke ich, dass mein Körper zwar hier im Raum steht, mein Geist jedoch noch nicht wieder in Deutschland angekommen zu sein scheint. Die Frage welche Brötchen ich für mein Frühstück gerne hätte gestaltet sich schwierig. „Zwei normale Brötchen". Die Verkäuferin schaut mich entgeistert an. Welche das denn sein sollen, fragt sie mich und gibt mir Nachhilfe indem sie mir sämtliche Brötchensorten aufzählt, aus denen ich wählen kann. Ich fühle mich wie ein Alien. Ich sehe zwar ihre Mundbewegungen, aber irgendwie verstehe ich sie nicht.

Mit einem gestammelten „Körnerbrötchen" komme ich auch nicht weiter. Aus ihrem Mund schießt wieder eine Aufzählung von Brötchensorten heraus. Nun ändere ich meine Strategie und deute einfach auf meine Wunschbrötchen und endlich ist sie zufrieden und ich bekomme ein Frühstück.

Die kanadische Freundlichkeit wird mir fehlen, sage ich lachend zu der Freundin und beginne, von meiner Reise zu erzählen.

Die Route

Eine Rund-Tour mit dem
Mietwagen in 19 Etappen
durch Ontario und Québec
plus 3 Etappen zu Fuß
durch Montréal, Ottawa und
Québec City

Canada
CP-6
GARMIN

Kanada
Algonquin
Provincial
Park
Sudbury
12
Gol
Lak
Whitney
Parry
Sound
11
Huntsville
Gravenhurst
Lake Huron
Peterborough
4
10
Midland
Meaford
Collingwood
Sauble
Beach
Lake
Simcoe
Cobourg
Toronto
Lake Ontario
5
6
Niagara
On The Lake
Goderich
7
9
Niagara Falls
Buffalo
Grand Bend
Sarnia
Lake Erie
Erie
Windsor
Detroit
8
Leamington
Point Pelee
National Park
Dearborn

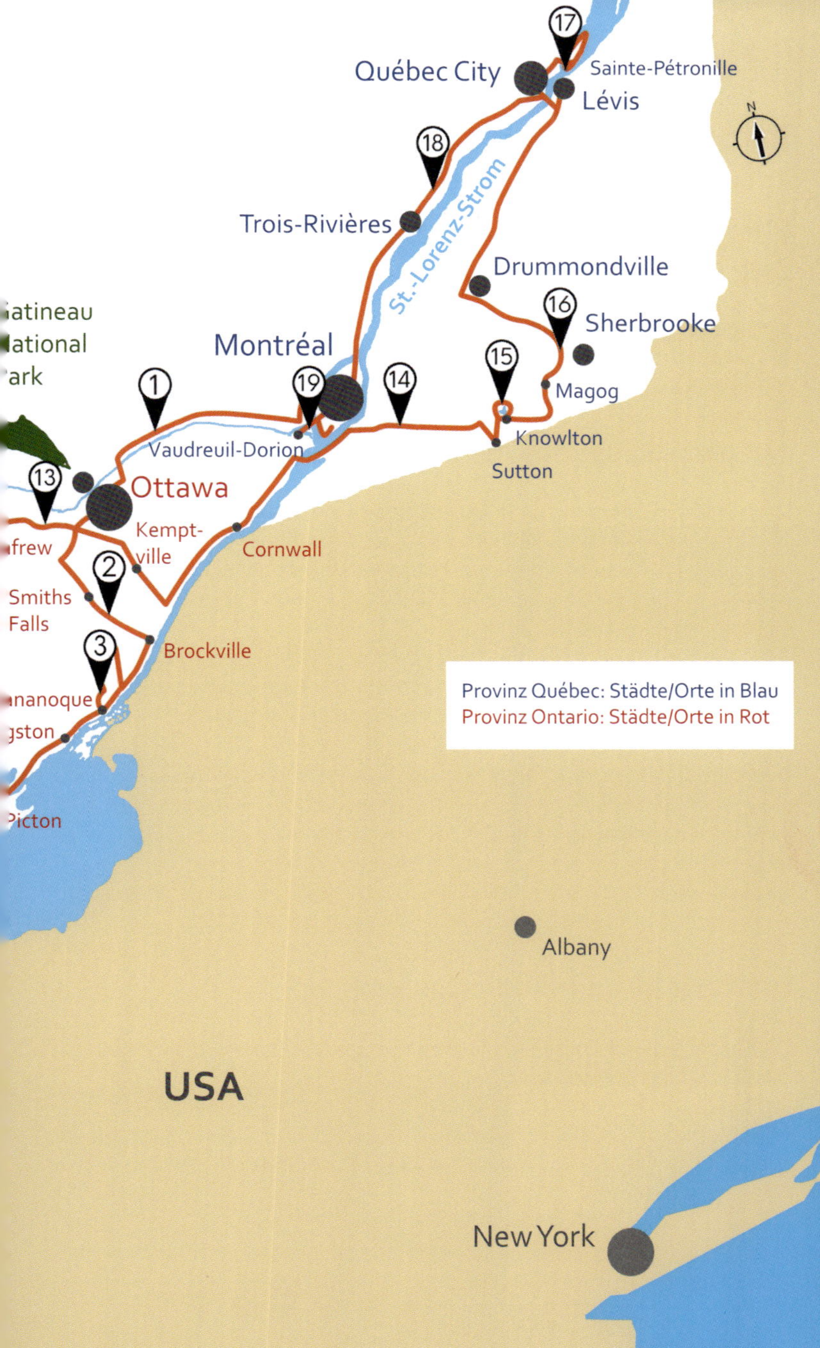

Die Karte ist nicht immer maßstabsgetreu.

Informationen und Etappen-Übersicht

Start: Montréal City
Ziel: Montréal Pierre-Elliott-Trudeau Airport

Alle Entfernungen sind circa Angaben. Mögliche Ehren- und Sightseeing-Runden sowie kurze Fahrten in und um einzelne Orte sind nicht eingerechnet. Die gesamte Fahrstrecke betrug etwa 4.000 km.

Auf der Fahrt gemachte Erfahrungen

Nach meiner Erfahrung sind Tagesetappen bis maximal 300 km gut zu schaffen und es bleibt dabei noch genug Zeit für Interessantes am Wegesrand. Optimal für mich als Alleinfahrerin waren Etappen von 200 - 250 km, da hatte ich genügend Flexibilität und Ruhe für Unvorhergesehenes.

Als Tages-Richtwert für die Fahrzeit ist es sinnvoll je 100 km Strecke ca. 1,5 Stunden einzuplanen. Je nach Route (abgelegene Landstraße, Schotterweg) kann die Fahrt auch mal länger dauern.

Oft bieten sich an den Orten auf den Etappen viele Möglichkeiten an, um Pause zu machen und um etwas zu entdecken. Hat man noch kein Zimmer für die Nacht, ist es empfehlenswert frühzeitig am Zielort anzukommen um Zeit für notwendige Alternativen zu haben.
Das bedeutet: Kürzere Fahrtstrecken für flexibleres Reisen. Ist man länger an einem Ort kann man auch mal das Fahrzeug stehen lassen.

Hinweise zu den skizzierten Etappen

Die dargestellten Etappen sind abstrahiert und nicht maßstabsgetreu.
Die Stadtpläne enthalten nicht immer alle Straßen.

Start-Orte sind mit einem hellgrauen Kreis ○ und Ziel-Orte mit einem gelben Kreis ○ markiert. Bei einer Etappe mit Start und Ziel am selben Ort ist der Kreis gelb.

Farbige Icons geben Hinweise auf Adressen und Angaben die im Kapitel „Die Informationen" zu finden sind.

Übersicht der einzelnen Etappen

Etappe: Montréal

Etappe 1: Entlang des Ottawa River von Montréal nach Ottawa
220 km Montréal - Ottawa

Etappe: Ottawa

Etappe 2: Von Ottawa an den St.-Lorenz-Strom zu den Thousand Islands
190 km Ottawa - Smiths Falls - Brockville - Gananoque

Etappe 3: Fahrt zum 1000 Islands Tower und durch Leeds/Greenville County
140 km Gananoque - Ivy Lea/Landsdowne - Hill Island - Lyndhurst - Charleston - Athens - Gananoque

Etappe 4: Loyalisten Highway und Prince Edward County
205 km Gananoque - Kingston - Picton - Cobourg

Etappe 5: Von der Nordseite des Lake Ontario zur Südseite ins Weingebiet
260 km Cobourg - St. Catharines - Niagara On The Lake

Etappe 6: Niagara Falls und Parks
55 km Niagara On The Lake - Niagara Falls - Niagara On The Lake

Etappe 7: Durch den Südwesten Ontarios
420 km Niagara On The Lake - Leamington/Kingsville - Windsor

Etappe 8: Amerikanische Autogeschichte
50 km Windsor - Detroit - Dearborn - Detroit - Windsor

Etappe 9: Richtung Norden an den Lake Huron
280 km Windsor - Kettle Point - Grand Bend - Goderich

Etappe 10: Fahrt zur Georgian Bay
210 km Goderich - Sauble Beach - Meaford - Collingwood

Etappe 11: In der Muskoka Region
175 km Collingwood - Midland - Foot's Bay - Gravenhurst

Etappe 12: Durch den Algonquin Provincial Park
255 km Gravenhurst - Algonquin Provincial Park - Golden Lake

Etappe 13: Zurück an den St.-Lorenz-Strom, durch den Osten Ontarios
300 km Golden Lake - Renfrew - Kemptville - Cornwall

Etappe 14: In die Eastern Townships, Provinz Québec
225 km Cornwall - Sutton

Etappe 15: Mont Sutton und rund um den Lac-Brome
70 km Sutton - Mont Sutton - Sutton - Knowlton/Lac-Brome - Bondville - Sutton

Etappe 16: Durch den Südosten, vom Land in den Großraum Québec City
320 km Sutton - Magog - Lévis

Etappe: Québec City

Etappe 17: Die Île d'Orléans und der Boulevard Champlain
110 km Lévis - Île d'Orleans/Ste Pétronille - Québec City - Lévis

Etappe 18: An der Nordseite des St.-Lorenz-Stromes nach Westen
320 km Lévis - Trois Rivières - Vaudreuil-Dorion

Etappe 19: Am Wasser entlang zum Flughafen
40 km Vaudreuil-Dorion - Sainte-Anne-de-Bellevue - Pointe-Claire - Montréal Pierre-Elliott-Trudeau Airport

Hinweis zu Etappe 7
Die Strecke war mit 420 km zu lang und so nicht geplant. Da alle Hotels in Kingsville, dem geplanten Ende der Tagesetappe, ausgebucht waren, es in Strömen regnete und der Wetterbericht das auch für die nächsten Tage vorhersagte, fiel der Point Pelee National Park leider ins Wasser und das Ziel des Tages war das 50 km weiter entfernte Windsor.

Notizen

Montréal

Blick von der Rue de la Commune Est in Richtung Westen

Montréal zu Fuß

Rundweg Vieux Montréal und Hafengebiet Vieux Port

Start und Ende: Basilique Notre-Dame
Das Gebiet Vieux Montréal bietet schöne Plätze, Gebäude, Kirchen, Museen, Läden und Restaurants. Von den Quais hat man grandiose Blicke auf die Stadt. Dort werden diverse Unterhaltungsmöglichkeiten (Schiffsfahrten, IMAX, Science Center ...) angeboten. Zeitbedarf ca. 2-4 Stunden, je nachdem was man alles sehen und erleben möchte und wie lange man rastet.

Steht man am Place d'Armes vor der **Basilique Notre-Dame** und schaut sie an, so geht man nach links die Straße Rue Notre-Dame Est entlang. Vorbei an den **Justizgebäuden** und der Stadtverwaltung, erreicht man das links stehende **Rathaus** (Hotel de Ville). Dort rechts abbiegen auf den **Place Jaques-Cartier** mit der **Nelsonsäule**. Es geht bergab, denn der Platz hat ein starkes Gefälle. Hier gibt es viele Restaurants und auch Künstler die ihre Werke anbieten. Trifft man auf die Rue St. Paul Est, so geht man nach links, an dem schönen Gebäude **Marché Bonsecour** mit Läden und einem Museum vorbei, bis zur **Chapelle Notre-Dame de Bon Secours**. Hier nach rechts gehen, bis man auf die Rue de la Commune Est trifft. Möchte man zum **Place de l'Horloge** mit dem Uhrturm, so geht man links und dann über der Straße den Quai entlang. Läuft man nach rechts, kann man die anderen Quais besuchen oder die Rue de la Commune weiterlaufen bis rechter Hand die Straße Boulevard St-Sulpice kommt. In diese Straße hinein- und weitergehen bis die Rue St Paul Ouest kreuzt. Hier links und dann rechts in die Rue St Francois-Xavier bis zur Rue Notre-Dame Ouest. Biegt man rechts ab, sieht man den Place d'Armes und auf der rechten Seite die Basilique Notre-Dame.

Mein Tipp! Sich in dem Gebiet einfach mal treiben lassen.

Blick vom Quai de l'Horloge in Richtung Stadt

1 Basilique Notre-Dame

*2 Rathaus Hotel de Ville

*3 Place Jaques-Cartier

*4+5 Chapelle Notre-Dame de Bon Secours Marché Bonsecours

*6 Rue de la Commune Est

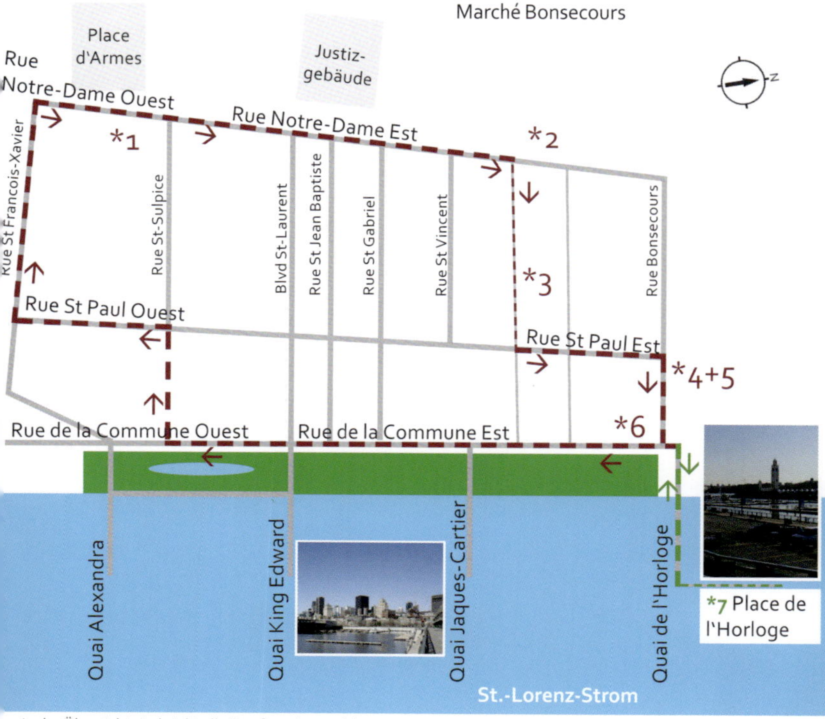

Place d'Armes

Justizgebäude

Rue Notre-Dame Ouest

Rue Notre-Dame Est

*1

*2

Rue St Francois-Xavier

Rue St-Sulpice

Blvd St-Laurent

Rue St Jean Baptiste

Rue St Gabriel

Rue St Vincent

Rue Bonsecours

*3

Rue St Paul Ouest

Rue St Paul Est

*4+5

*6

Rue de la Commune Ouest

Rue de la Commune Est

Quai Alexandra

Quai King Edward

Quai Jaques-Cartier

Quai de l'Horloge

*7 Place de l'Horloge

St.-Lorenz-Strom

In der Übersicht sind nicht alle Straßen eingezeichnet.

Mont Royal

Start und Ende: Rue Peel Ecke Rue Sherbrooke West
Parc du Mont Royal, Chalet du Mont Royal, Croix du Mont Royal, See Lac aux Castors und Spazierwege. Schöne Fernsichten von der Terrasse vor dem Chalet. Zeitbedarf ca. 2-4 Stunden

Die Rue Peel bergauf gehen. Am Ende der Straße die Treppen zum Mont Royal hochsteigen. Oben auf dem Berg stehen Wegweiser zu den einzelnen Plätzen/Sehenswürdigkeiten. Man kann hinter dem Chalet als Runde den Weg zum Kreuz und über einen anderen Weg zurück zum Chalet laufen. In die andere Richtung führt der Weg vom Chalet zum See und zurück. Vom Chalet aus verläuft der Weg wieder abwärts, grob in Richtung Wasser zur Rue Peel und weiter hinab bis zur Ecke Rue Sherbrooke West.

Blick von der Rue Peel in Richtung Mont Royal

Blick auf die Stadt, von der Terrasse vor dem Chalet du Mont Royal

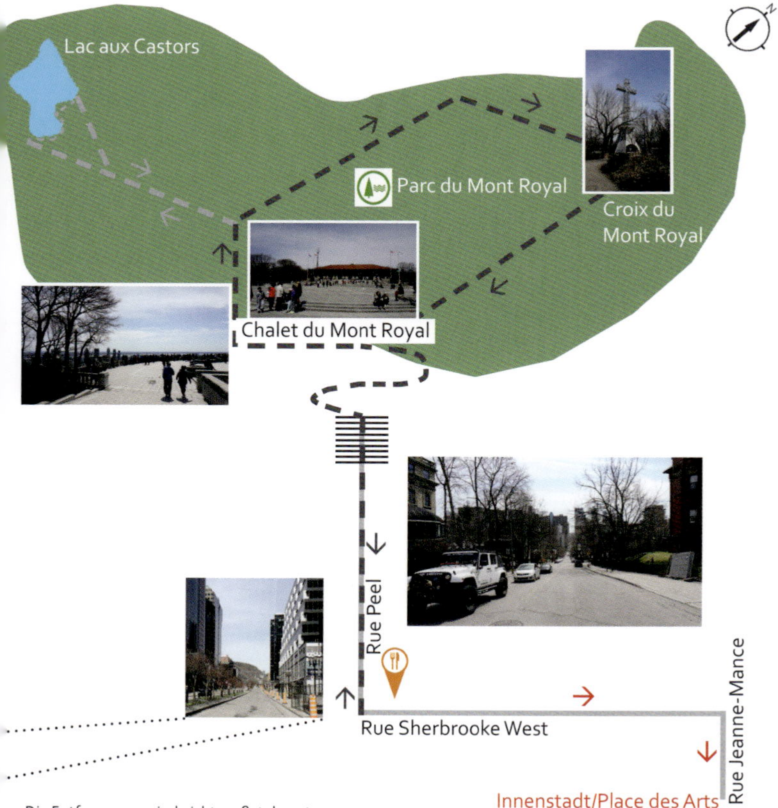

Lac aux Castors

Parc du Mont Royal

Croix du Mont Royal

Chalet du Mont Royal

Rue Peel

Rue Sherbrooke West

Rue Jeanne-Mance

Innenstadt/Place des Arts

Die Entfernungen sind nicht maßstabsgetreu.

Etappe 1
Entlang des Ottawa River

Montréal - Ottawa
220 km

Fahrt auf dem Highway 50 in Richtung Westen

Mit der Fähre über den Ottawa River

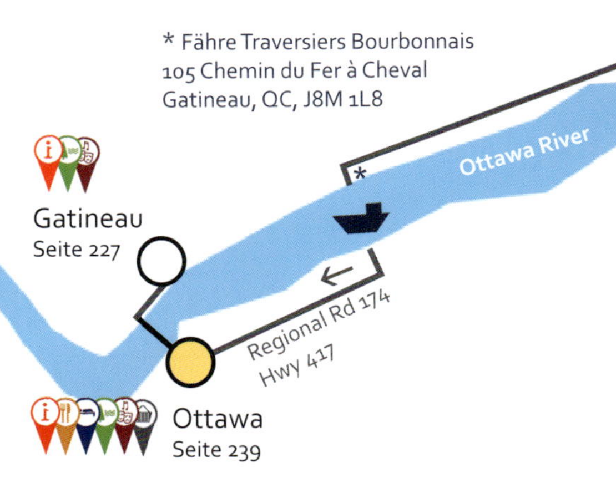

Etappe 1 - 220 km

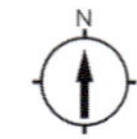

Entfernungen:
40 km Montréal - Premium Outlet
150 km Premium Outlet - Fähre
30 km Fähre - Ottawa

Den Highway 50 entlang

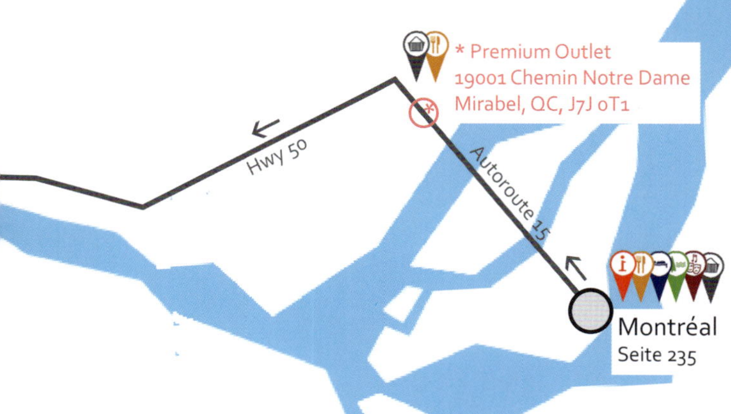

Ottawa

Blick von der Wellington Street in Richtung Parliament Hill East Block

Ottawa zu Fuß

Parliament Hill

Start und Ende: 90 Wellington Street, Capital Information Kiosk
Vom Capital Information Kiosk aus einfach über die Straße gehen. Der Centre Block ist nur mit einer Führung zu besichtigen. Die Außenbereiche sind frei zugänglich. Sie bieten schöne Aussichten und interessante Skulpturen.

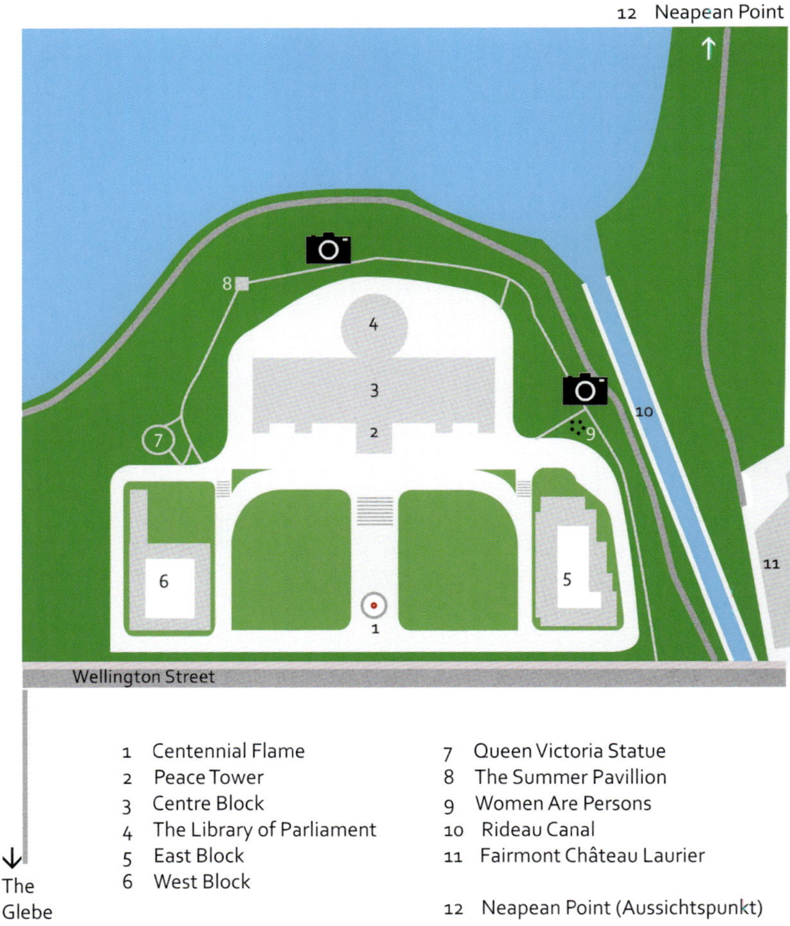

12 Neapean Point ↑

4
3
2
1
5
6
7
8
9
10
11

Wellington Street

↓ The Glebe

1 Centennial Flame
2 Peace Tower
3 Centre Block
4 The Library of Parliament
5 East Block
6 West Block

7 Queen Victoria Statue
8 The Summer Pavillion
9 Women Are Persons
10 Rideau Canal
11 Fairmont Château Laurier

12 Neapean Point (Aussichtspunkt)

1 Centennial Flame/Hundertjährige Flamme
Premierminister Lester B. Pearson eröffnete mit der Flamme am 31. Dezember 1966 die Feierlichkeiten zum 100-jährigen Bestehen der kanadischen Konföderation. Ursprünglich als temporäres Denkmal gedacht, wurde die Flamme, durch die Begeisterung der Kanadier, zu einem dauerhaften Symbol. Die Flamme brennt in der Mitte eines Brunnens. Nach einer Erweiterung im Jahr 2017, besteht der Brunnen nun aus dreizehn Seiten, jede mit dem Wappen einer Provinz oder eines Territoriums.

2 Peace Tower/Friedensturm
Der Campanile aus dem Jahr 1927 mit einem 53-Glocken-Spiel dient dem Gedenken an den Ersten Weltkrieg, den Opfern und dem Einsatz der Kanadier. Er ist durch einen überdachten Eingang mit dem Centre Block verbunden.

Blick vom Peace Tower Richtung Stadt
Vorne mittig die Centennial Flame

Blick Richtung Ottawa River
Mitte rechts die National Gallery of Canada

3 Centre Block
Der Haupteingang befindet sich am Fuße des Peace Tower. Er führt in die Confederation Hall, in deren Mitte sich eine riesige Steinsäule befindet. Der Centre Block wurde 1916 durch einen Brand zerstört und im modernen gotischen Stil wieder aufgebaut. Am östlichen Ende des Center Blocks befindet sich die Senatskammer und am westlichen Ende die House of Commons Chamber. Jedes Haus hat für seine Mitglieder einen eigenen Eingang zum Gebäude. Die Rotunda ist der offizielle Eingang in den Centre Block.

Centre Block mit Peace Tower

Rotunda
(Confederation Hall)

House of Commons

Blick in die Bibliothek

4 The Library of Parliament

Die 16-seitige polygone Bibliothek, hat als einziger Gebäudeteil den großen Brand im Jahr 1916 überstanden, da ein Angestellter rechtzeitig die Stahltüren zwischen der Bibliothek und dem restlichen Gebäude schloss.

5 East Block

Das Gebäude im neugotischen Stil wurde 1860-1865 gebaut und später mit einem Anbau versehen. Es beinhaltet heute Büros für Mitglieder und Mitarbeiter des Parlaments sowie der Senatoren.

6 West Block

Der Westblock wurde nach seiner Fertigstellung 1865 zweimal erweitert und beheimatet Büros für Parlamentarier. Er ist nicht für die Öffentlichkeit zugänglich.

7 Queen Viktoria

Das Denkmal wurde von Louis-Philippe Hébert für Königin Victoria zur Feier des diamantenen Thronjubiläums (dem 60. Regierungsjahrs) geschaffen und 1901 offiziell eingeweiht.

8 The Summer Pavillion

Der ursprüngliche Pavillion wurde 1877 gebaut und 1956 zerstört. 1995 wurde er als Denkmal für die Polizei wiederaufgebaut. Er steht hinter dem Centre Block. Von dort bietet sich eine schöne Aussicht auf den Ottawa River.

9 Women Are Persons

Das Denkmal erinnert an einen historischen Rechtssieg, der auf die Hartnäckigkeit von fünf Frauen zurückzuführen ist. Sie gingen gegen eine Entscheigung des Obersten Gerichtshofs - dass Frauen keine qualifizierten Personen seien - in Berufung. Am 18. Oktober 1929 werden daraufhin Frauen nach kanadischem Recht zu „Personen" erklärt.

10 Rideau Canal

Eine historische Wasserstraße aus dem 19. Jahrhundert, die eine Kette von Flüssen und Seen verbindet. Ein malerischer Teil des Rideau Kanals führt durch die Innenstadt von Ottawa.

11 Fairmont Château Laurier

Das Hotel, ein Wahrzeichen der Stadt, steht neben dem Parliament Hill am Ufer des Rideau Canal. Erbaut wurde es im Stil eines französischen Châteaus.

Der Rideau Canal und Mitte links das Hotel Fairmont Château Laurier

Rundweg „The Glebe"

www.intheglebe.ca

Start und Ende: Bank Street Ecke Wellington Street →
Die Bank Street entlanggehen, an Läden und Restaurants vorbei, unter dem Highway hindurch bis zur Clemow Avenue und in diese links einbiegen. Am Ende der Straße rechts und gleich wieder links in die Linden Terrace abbiegen und bis zum Rideau Canal gehen oder alternativ im Park am See entlang wandern. Den Queen Elizabeth Drive überqueren zum Rideau Canal.
Direkt am Rideau Canal entlang verläuft ein schöner Weg. Auf Höhe der Fifth Avenue lässt sich in einem Restaurant mit Biergarten eine Rast einlegen.

Entweder hier den Queen Elizabeth Drive überqueren und an der Fifth Avenue nach links in eine Grünfläche einbiegen, die parallel zum Drive verläuft und in den Landsdowne Park führt.
Oder weiter am Wasser entlanggehen bis eine langgezogene Kurve beginnt, dort die Straße überqueren und am Princess Patricia Way in den Landsdowne Park hinein- und durchgehen.

Je nach Wetter und Wochentag kann man sich länger oder kürzer im Park aufhalten. Viele Aktivitäten bieten sich an. Es lässt sich der Farmers Market, das TD Place Stadium oder das Kino besuchen, in den nahe gelegenen Läden einkaufen oder in einem Restaurant essen gehen.
Farmers Market *www.ottawafarmersmarket.ca*
TD Place *www.tdplace.ca*
Cineplex Cinemas Lansdowne and VIP *www.cineplex.com*

Durch dieses Gebiet wieder zur Bank Street und dort rechter Hand zurück in Richtung Innenstadt gehen. Auf dem Weg liegen kleine Läden, Supermärkte, Cafés, Fast Food- und Top-Restaurants. Zum Essen, Flanieren und Stöbern bietet sich meiner Meinung nach dieser Bereich der Bank Street an. Hier und in den Seitenstraßen finden sich Restaurants der verschiedensten Richtungen und teils skurile Läden.

Als **Alternative →** bietet sich an, von der Wellington Street aus die Bank Street immer gerade aus bis zum TD Place zu gehen und dann durch den Landsdowne Park zum Rideau Canal. Am Kanal entlang führt der Weg zurück zur Innenstadt.
Möchte man nicht den ganzen Weg laufen, führen die Strecken der Buslinien 6 Greenboro/Rockcliffe und 7 St. Laurent/Carleton über Wellington Street und Bank Street. Informationen und Abfahrtszeiten unter *www.octranspo.com*.

ca. 2,5 km - Entfernung Wellington Street, Parliament Hill - ca. 2,8 km

Entfernung ca. 1 km

Patterson Ave
Bank Street
Clemow Ave
Linden Terrace
Patterson Creek Park
Glebe Ave
First Ave
Second Ave
O'Connor Street
Third Ave
Fourth Ave
Fifth Ave
Adelaide Street
Clarey Ave
Holmwood Ave
Rideau Canal
3
!
*
***
2
**
Monk Street
Bank Street
1
Landsdowne Park
TD Place Stadium
Queen Elizabeth Drive

Gebiet mit Läden, Restaurants, Cafés, Kino usw.

1 TD Place Stadium, 2 Aberdeen Pavillion, 3 Cineplex

*	Marché Way	**	Exhibition Way
***	Princess Patricia Way	!	Farmers Market

Etappe 2
Von Ottawa an den St.-Lorenz-Strom zu den Thousand Islands

Ottawa - Smiths Falls - Brockville - Gananoque
190 km

Blick auf den St.-Lorenz-Strom in Brockville

Reise ab Seite 32

Fahrt von Ottawa nach Smiths Falls

Fahrt auf dem Thousand Islands Parkway nach Gananoque

Abendstimmung am St.-Lorenz-Strom in Gananoque

Etappe 2 - 190 km

Entfernungen:
80 km Ottawa - Smiths Falls
50 km Smiths Falls - Brockville
60 km Brockville - Gananoque

Golden Hawk Sabre Jet, Brockville

Etappe 3

Fahrt zum 1000 Islands Tower und durch Leeds/Greenville Counties

Gananoque - Ivy Lea/Landsdowne - Hill Island - Lyndhurst- Charleston - Athens - Gananoque
Rundfahrt 140 km

Fahrt auf die Thousand Islands Bridge

1000 Islands Rundfahrt mit dem Schiff von Ivy Lea/Landsdowne

Blick vom 1000 Islands Tower auf die Thousand Islands Bridge

Fahrt durch Leeds/Greenville Counties

Etappe 3 - 140 km

Entfernungen:
20 km Gananoque - Ivy Lea - 1000 Islands Tower (Hill Island)
35 km 1000 Islands Tower (Hill Island) - Lyndhurst
30 km Lyndhurst - Charleston - Athens
55 km Athens - Mallorytown - Gananoque

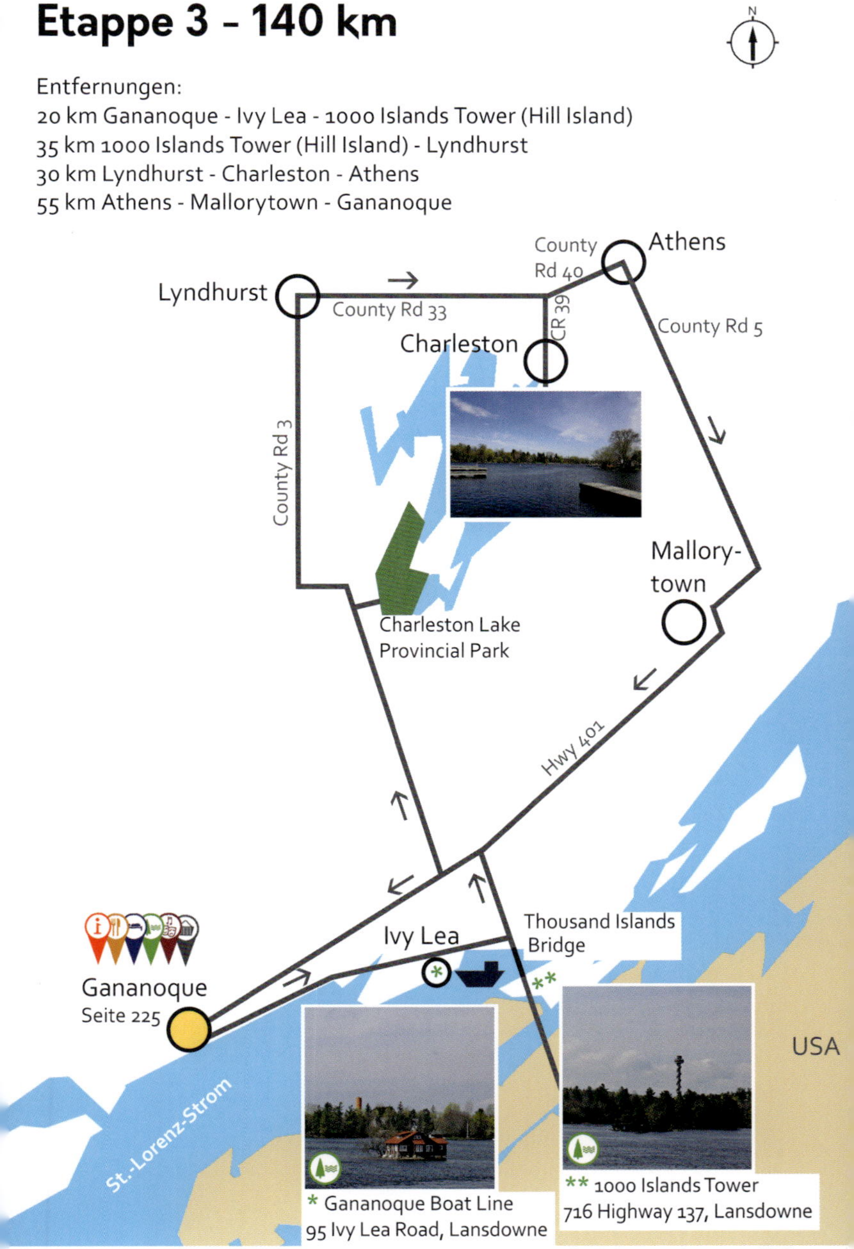

Athens
County Rd 40
Lyndhurst
County Rd 33
CR 39
County Rd 5
Charleston
County Rd 3
Mallory-town
Charleston Lake Provincial Park
Hwy 401
Thousand Islands Bridge
Ivy Lea
Gananoque
Seite 225
USA
St.-Lorenz-Strom

* Gananoque Boat Line
95 Ivy Lea Road, Lansdowne

** 1000 Islands Tower
716 Highway 137, Lansdowne

Etappe 4
Loyalisten Parkway und Prince Edward County

Gananoque - Kingston - Picton - Cobourg
205 km

Am Cobourg Harbour

Glenora Ferry

Cobourg Harbour

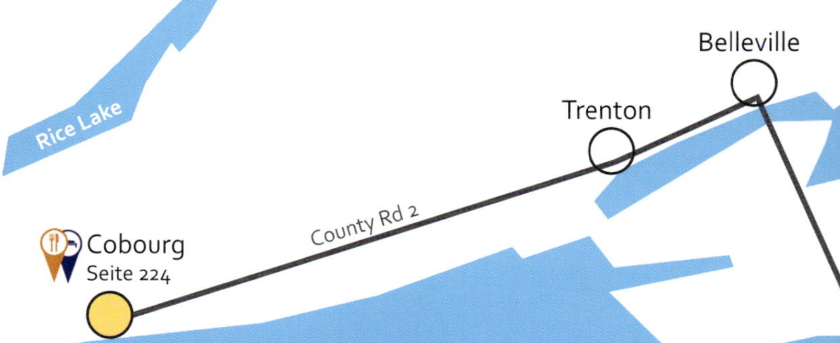

Etappe 4 - 205 km

Entfernungen:
30 km Gananoque - Kingston
75 km Kingston - Adolphustown - Glenore - Lake On The Mountain - Picton
100 km Picton - Cobourg

Kingston City Hall

Blick vom Niagara Parkway in Richtung USA auf das Niagara Power Project

Etappe 5
Von der Nordseite des Lake Ontario zur Südseite ins Weingebiet

Cobourg - St. Catharines - Niagara On The Lake
260 km

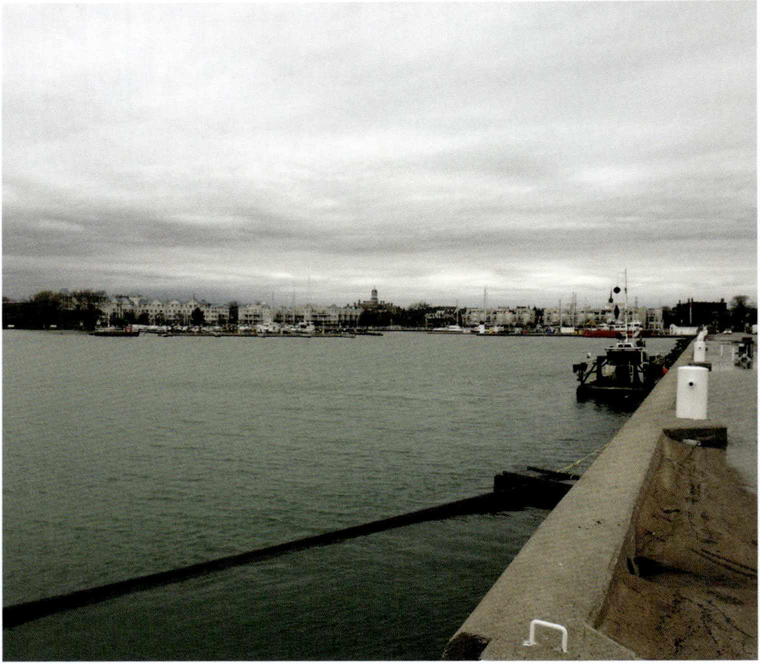

Blick vom Hafen auf Cobourg

Memorial Clock Tower in Niagara On The Lake

Etappe 5 - 260 km

Entfernungen:
180 km Cobourg - Burlington
60 km Burlington - Port Dalhousie - St. Catherines
20 km St. Catherines - Niagara On The Lake

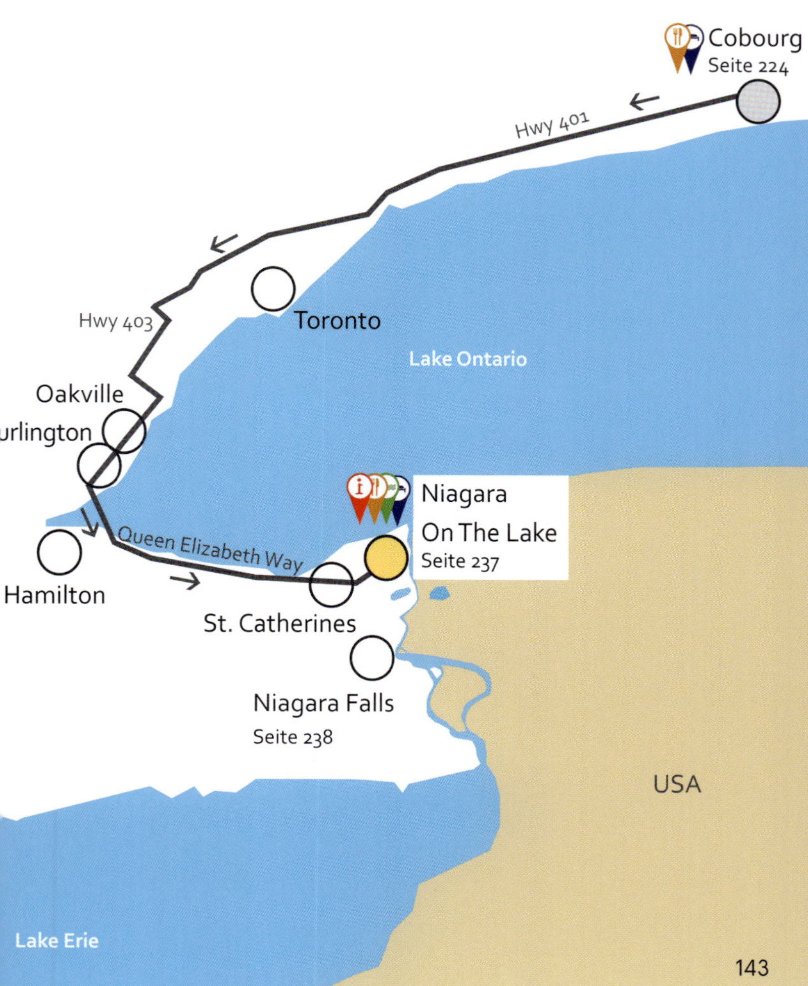

Etappe 6
Niagara Falls und Parks

Niagara On The Lake - Niagara Falls - Niagara On The Lake
55 km Rundfahrt

Blick vom Skylon Tower auf die kanadischen Horseshoe Falls

 Reise ab Seite 44

Blick auf Niagara Falls und das Gebäude der Toronto Power Generating Station

Blick von der Straße Niagara Parkway auf die Aussichtsterrasse Journey Behind The Falls

Journey Behind The Falls, Blick von der Aussichtsterrasse zu den Falls

Etappe 6 - 55 km

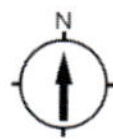

Entfernung:
55 km Niagara On The Lake - Niagara Falls - Niagara On The Lake

Lake Ontario

Niagara On The Lake
Seite 237

Niagara Pkwy

Niagara River

USA

Queenston Heights Park
Brock Monument

* Floral Clock
14004 Niagara Pkwy,
Queenston

** Whirlpool Aero Car
3850 Niagara Pkwy,
Niagara Falls

*** Skylon Tower
5200 Robinson St,
Niagara Falls

Niagara Falls
Seite 238

Rainbow Bridge

Niagara Falls

American Falls

Horseshoe Falls

* Journey Behind The Falls
6650 Niagara Pkwy, Niagara Falls

Rapidsview
Parking Lot

Etappe 7
Durch den Südwesten Ontarios

Niagara On The Lake - Leamington/Kingsville - Windsor
420 km

Queen Street, Niagara On The Lake

Blick aus dem Hotelzimmer in Windsor

Sarnia

Hwy 401

ONroute West Lorne
Hwy401, Dutton

Lake St Clair

County Rd 11

Windsor
Seite 247

County Rd 3

County Rd 3

Leamington
Kingsville

Point Pelee National Park
Seite 241

Etappe 7 - 420 km

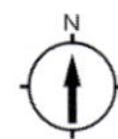

Entfernungen:
365 km Niagara On The Lake - Leamington
55 km Leamington - Kingsville - Windsor

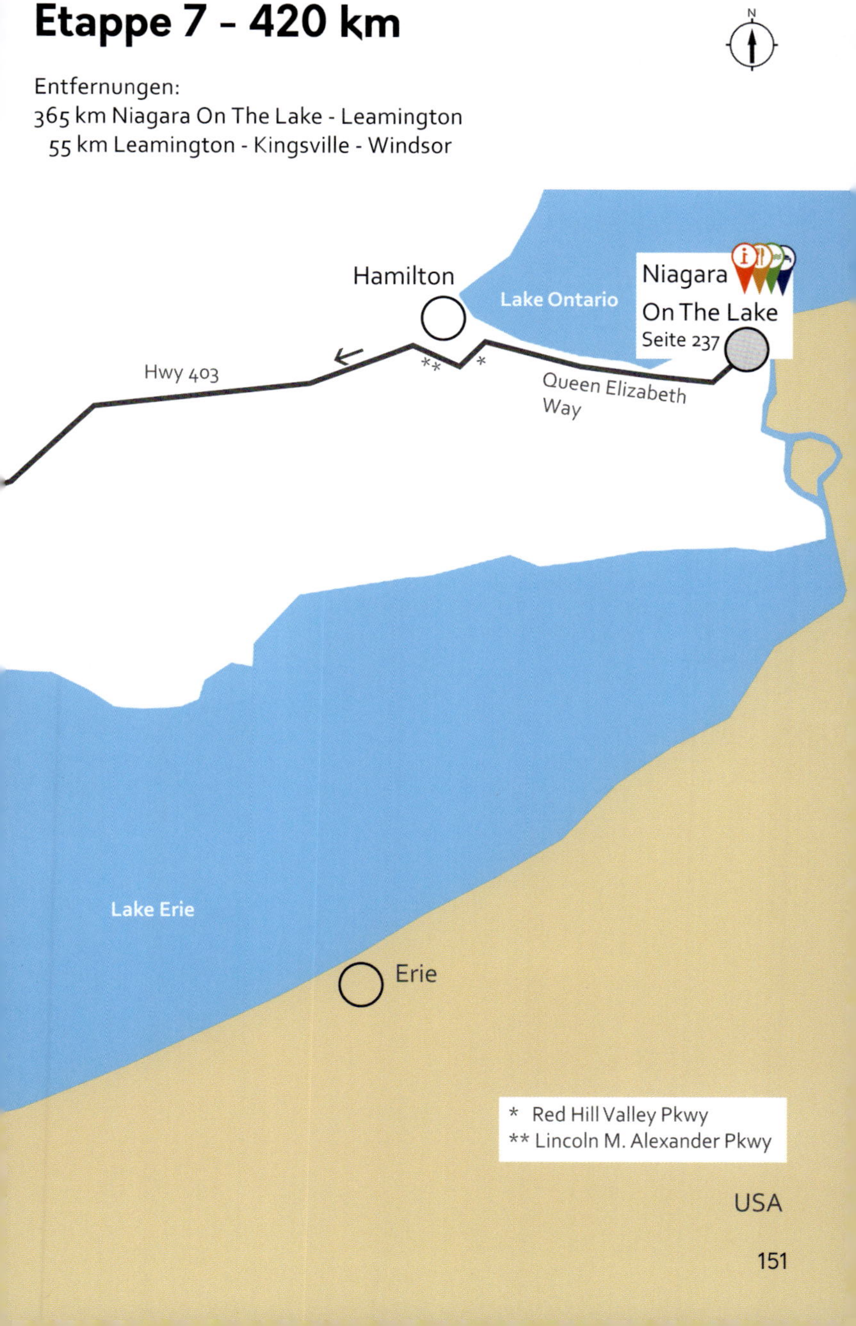

Hamilton
Lake Ontario
Niagara On The Lake
Seite 237
Hwy 403
Queen Elizabeth Way
Lake Erie
Erie

* Red Hill Valley Pkwy
** Lincoln M. Alexander Pkwy

USA

Ausstellungshalle im „The Henry Ford“ Museum

Etappe 8
Amerikanische Autogeschichte

Windsor - Detroit - Dearborn - Detroit - Windsor
50 km Rundfahrt

Im Museum „The Henry Ford"

Etappe 8 - 50 km

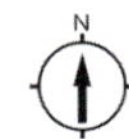

Entfernung:
50 km Windsor - Dearborn/USA - Windsor

*The Henry Ford Museum, Automotive Hall of Fame

Automotive Hall of Fame

Etappe 9
Richtung Norden an den Lake Huron

Windsor - Kettle Point - Grand Bend - Goderich
280 km

Reise ab Seite 58

Goderich, The Livery Theatre, South Street

Goderich, Cove Road

Goderich, links im Bild Salzgewinnung und Produktion, rechts der Hafen

Etappe 9 - 280 km

Entfernungen:
120 km Windsor - Thamesville
80 km Thamesville - Kettle Point
30 km Kettle Point - Grand Bend
50 km Grand Bend - Goderich

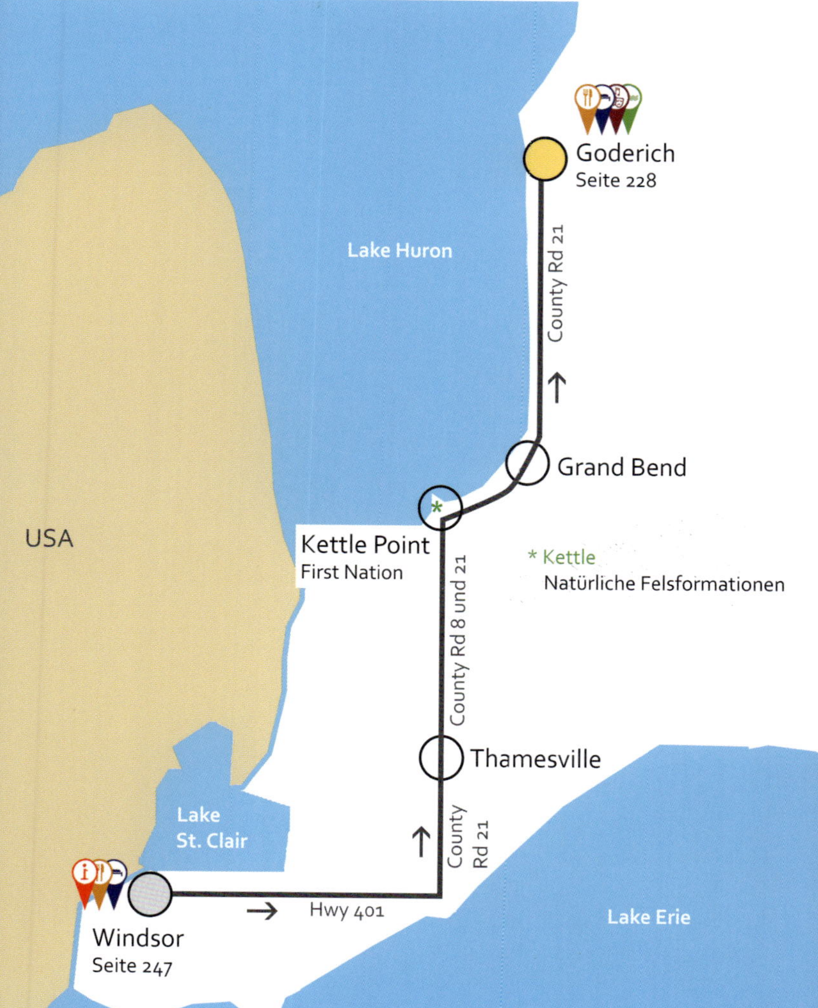

Blick auf die Georgian Bay

Etappe 10
Fahrt zur Georgian Bay

Goderich - Sauble Beach - Meaford - Collingwood
210 km

Der befahrbare Strand Sauble Beach

Der alte Ortskern von Collingwood

Etappe 10 - 210 km

Entfernungen:
115 km Goderich - Sauble Beach
60 km Sauble Beach - Meaford
35 km Meaford - Collingwood

Bruce Peninsula

Lake Huron

South Georgian Bay

Lake Huron

Sauble Beach
Seite 245

County Rd 8

Hwy 6

Hwy 26

Meaford
Seite 234

Collingwood
Seite 224

County Rd 13

Hwy 21

Goderich
Seite 228

* Blue Mountains

Muskoka Steamship in Gravenhurst

Etappe 11
In der Muskoka Region

Collingwood - Midland - Foot's Bay - Gravenhurst
175 km

Fahrt nach Wasaga Beach

Fahrt nach Foot's Bay

Gravenhurst, Muskoka Road North

Etappe 11 - 175 km

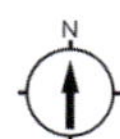

Entfernungen:
20 km Collingwood - Wasaga Beach
40 km Wasaga Beach - Midland
70 km Midland - Foot's Bay
45 km Foot's Bay - Gravenhurst

Lake Huron

South Georgian Bay

Foot's Bay

Hwy 400 North

District Rd 169

Gravenhurst
Seite 229

Midland
Seite 234

Hwy 12

Hwy 93 North

Collingwood
Seite 224

Beachwood Rd
Shore Ln
Mosley St

County Rd 92/19

Wasaga Beach

Wandgemälde in Midland an den Getreidesilos am Hafen
Das Bild ist etwa 24 m hoch und 76 m breit und das größte historische Wandgemälde in Nordamerika. Es zeigt in der Mitte die Siedlung Sainte-Marie among the Hurons wie sie in der Zeit um 1640 wahrscheinlich ausgesehen hat.

Abendstimmung am Golden Lake

Etappe 12
Durch den Algonquin Provincial Park

Gravenhurst - Algonquin Province Park - Golden Lake
255 km

Der Beaver Pond Trail im Algonquin Provincial Park

Etappe 12 - 255 km

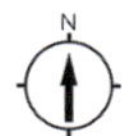

Entfernungen:
55 km Gravenhurst - Huntsville
90 km Huntsville - Algonquin Visitor Center
110 km Algonquin Visitor Center - Golden Lake

Algonquin Provincial Park
Seite 223

Golden Lake
Seite 228

Huntsville

Hwy 60 East

Hwy 11 North

Gravenhurst
Seite 229

Aussichtspunkt am Algonquin Provincial Park Visitor Centre

Etappe 13
Durch den Osten Ontarios, zurück an den St.-Lorenz-Strom

Golden Lake - Renfrew - Kemptville - Cornwall
300 km

Nebenstraße in North Algona Wilberforce

Kemptville

Cornwall, Lamoureux Park am St.-Lorenz-Strom

Etappe 13 - 300 km

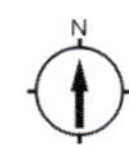

Entfernungen:
70 km Golden Lake - Renfrew
125 km Renfrew - Kemptville
105 km Kemptville - Cornwall

St.-Lorenz-Strom, Cornwall

Golden Lake
Seite 228

Von Eganville bis Renfrew über Land
dann Hwy 60 East

Ottawa
Seite 239

Renfrew

Hwy 417 East

Hwy 416 South

Cornwall
Seite 225

Kemptville
Seite 231

County Rd 2

Seaway
International
Bridge

St.-Lorenz-Strom

Brockville
Seite 224

USA

Etappe 14
In die Eastern Townships, Provinz Québec

Cornwall - Sutton
225 km

Blick auf die hügelige Landschaft der Eastern Townships

Reise ab Seite 82

Autoroute 10

In der Nähe von Cornwall am St.-Lorenz-Strom

Etappe 14 - 225 km

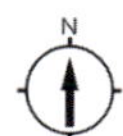

Entfernungen:
125 km Cornwall - Brossard
100 km Brossard - Sutton

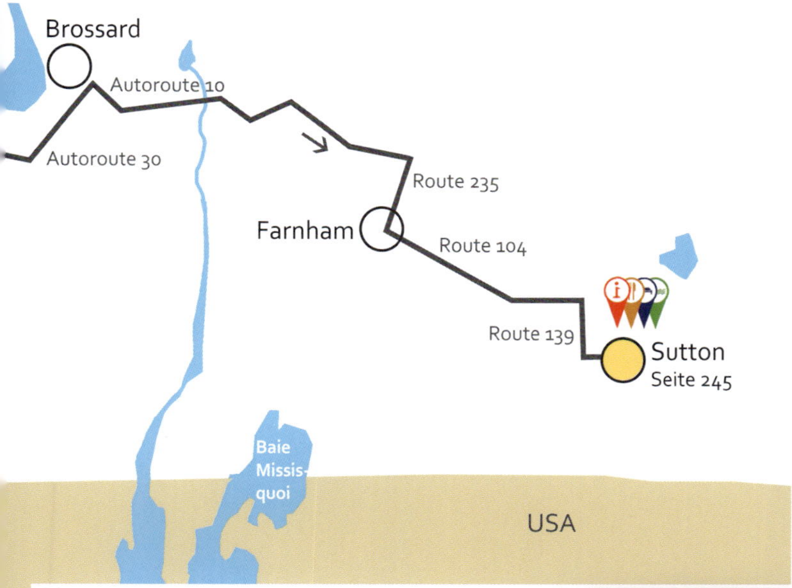

Brossard
Autoroute 10
Autoroute 30
Route 235
Farnham
Route 104
Route 139
Sutton
Seite 245
Baie Missisquoi
USA

Landstraße Richtung Sutton

Lac Brome

Etappe 15
Mont Sutton und rund um den Lac Brome

Sutton - Mont Sutton - Sutton
Sutton - Knowlton/Lac Brome - Bondville - Sutton
70 km Rundfahrt

Fahrt auf den Mont Sutton

Liftanlage Mont Sutton

Etappe 15 - 70 km

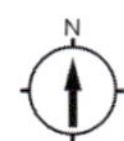

Entfernungen:
10 km Sutton - Mont Sutton - Sutton
20 km Sutton - Knowlton/Lac Brome
20 km Knowlton/Lac Brome - Bondville
20 km Bondville - Sutton

Route243

Route 215

Lac Brome

Bondville

Knowlton
Seite 232

Route104

Route 215 North

Sutton
Seite 245

Mont Sutton
671, Rue Maple C.P.
1580 Sutton, QC

Die Wanderwege starten in der Nähe des Parkplatzes auf dem Mont Sutton

Etappe 16
Durch den Südosten, vom Land in den Großraum Québec City

Sutton - Magog - Lévis
320 km

Blick auf Lévis

Straße zur Fähre in Lèvis

Lèvis, Rue Fraser

Blick auf Québec City, Aussichtsplattform in Lévis, Ecke Rue Fraser/ Rue Guenette

Etappe 16 - 320 km

Entfernungen:
60 km Sutton - Magog
100 km Magog - Drummondville
160 km Drummondville - Lévis

Québec City

Fresque des Québécois

Reise ab Seite 88

Québec City von oben

Von der Haute-Ville/Oberstadt aus bieten sich viele besondere Ein- und Ausblicke in die Ferne und die unteren Straßen der Stadt.

Blick vom Parc Montmorency in die Rue Notre Dame und zum Fresque des Québécois.

Blick von der Rue des Remparts in die Rue Sous-le-Cap.

Blick vom Porte Kent auf das Porte Saint-Jean (Turm mit Spitzdach neben dem roten Haus).

Québec City zu Fuß

Rundweg Aussicht (Haute-Ville/Oberstadt)

Start und Ende: Hotel Château Frontenac
Weg mit schönen Fernsichten, interessanten Gebäuden und Restaurants
Es gibt viel zu sehen, Zeitbedarf ca. 3-4 Stunden

Vor dem **Hotel Château Frontenac** am **Monument Samuel-De Champlain** auf dem Plateau die **Terrasse Dufferin** entlang gehen, bis ans andere Ende. Dort einige Treppen hochsteigen und den Fußweg **Promenade des Gouverneures** entlang bis zum Aussichtspunkt an der **Avenue du Cap Diamant**. Nach rechts den Fußweg neben der Avenue du Cap Diament in Richtung **Citadelle** nehmen und diesem folgen. Weiter an der Avenue George VI entlang bis zum ***Croix de la Sacrifice** (G1R 3R2) am Plaines d'Abraham an der Grande Allée East. Dort nach rechts in die Rue Saint Louis durch das **Porte Saint Louis**. Weiter die Rue Saint Louis entlang, vorbei an Cafés, Restaurants und Geschäften bis zum **Château Frontenac**.

Reise ab Seite 88

Rundweg Kunst/Kultur (Basse-Ville/Unterstadt)

Start und Ende: Fähr-Terminal oder am Haus Maison Chevalier
Weg mit Galerien, Kultur, Museen, schönen Plätzen und Restaurants
Zeitbedarf ca. 2-4 Stunden

Die Straße Rue du Marché-Champlain überqueren. Am historischen Haus „**Maison Chevalier**" in die Rue Notre Dame gehen. Weiter vorbei an der Kirche **Notre-Dame-des-Victoires** auf der rechten Seite und dem **Place Royale** bis zum Parc de la Cetière mit der Wandmalerei, dem „**Fresque des Québécois**". Am Ende der Straße rechts in die Côte de la Montagne abbiegen. Hier gibt es viele Kunstgalerien. Nochmals rechts abbiegen in die Rue Saint-Pierres mit schönen Häusern und Restaurants. Am Ende der Straße rechts in die Rue Sous le Fort.

Für den weiteren Weg bieten sich drei Möglichkeiten:

A:
Weiter bis zur Rue Notre Dame, in diese links abbiegen, bis zur Rue du Marché-Champlain und zurück zum Fähr-Terminal auf der anderen Straßenseite.

B:
Bis zum Ende der Rue Sous le Fort gehen, dort links in die Rue du Petit Champlain abbiegen. Hier befinden sich Läden zum Bummeln und Restaurantes. Am Ende der Straße links in die Ruelle du Magasin du Roi gehen und dann links in den Boulevard Champlain abbiegen, dann rechts in die Ruelle des Traversiers bis zum Fähr-Terminal.

C:
Am Ende der Rue Sous le Fort mit dem **Furniculaire du Vieux Québec** in die Haute-Ville zur **Terrasse Dufferin** fahren und dort die schöne Aussicht genießen. Auch das **Monument Samuel-De Champlain** und das Hotel **Château Frontenac** befinden sich hier. Wer einen längeren Spaziergang machen möchte, für den bietet sich an den Rundweg Aussicht weiterzugehen. Zurück in die Basse-Ville kommt man von der Terrasse Dufferin aus wieder mit dem Furniculaire zur Rue Sous le Fort und dort weiter nach rechts mit Weg B in der Rue du Petit Champlain.

Alternativ kann man auch über Treppen neben dem Monument Samuel-De Champlain nach unten zur Straße Côte de la Montagne gehen.

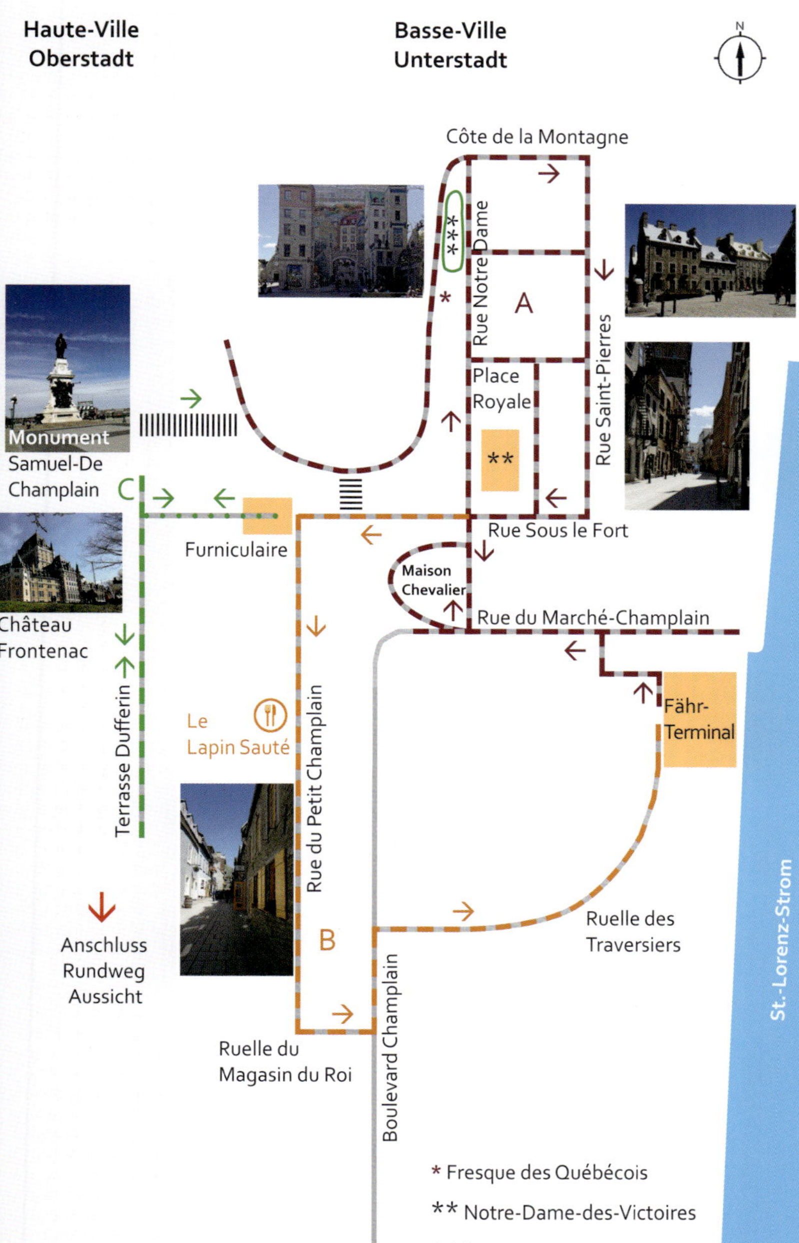
Haute-Ville
Oberstadt
Basse-Ville
Unterstadt
N
Côte de la Montagne
***
*
Rue Notre Dame
A
Rue Saint-Pierres
Monument
Samuel-De
Champlain
C
Place
Royale
**
Château
Frontenac
Furniculaire
Rue Sous le Fort
Maison
Chevalier
Rue du Marché-Champlain
Fähr-
Terminal
Terrasse Dufferin
Le
Lapin Sauté
Rue du Petit Champlain
B
Anschluss
Rundweg
Aussicht
Ruelle des
Traversiers
St.-Lorenz-Strom
Ruelle du
Magasin du Roi
Boulevard Champlain
* Fresque des Québécois
** Notre-Dame-des-Victoires
*** Parc de la Cetière

Etappe 17
Die Île d'Orléans und der Boulevard Champlain

Lévis - Île d'Orléans /Sainte-Pétronille - Québec City - Lévis
110 km

Blick auf die Île d'Orléans vom Rundweg Aussicht (siehe Québec City zu Fuß)

La Promenade Samuel-De Champlain am St.-Lorenz-Strom, Boulevard Champlain

Blick von der Île d'Orléans zum Parc de la Chute-Montmorency

Etappe 17 - 110 km

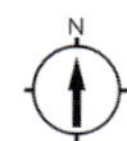

Entfernungen:
50 km Lévis - Île d'Orléans/Sainte-Pétronille
40 km Île d'Orléans - Québec City/Boulevard Champlain
20 km Boulevard Champlain - Lévis

Île d'Orléans
Seite 230

St.-Lorenz-Strom

Autoroute 40 East

Québec City
Seite 242

Lévis
Seite 233

Route 173

Autoroute 20

Autoroute 73 N

* La Route 368, Chemin Royal

** Autoroute 440

*** Route 136
Boulevard Champlain

Sainte-Pétronille

1 Parc de la Chute-Montmorency
5300 Boulevard Sainte-Anne
Québec, G1C 0M3

2 La Promenade Samuel-De Champlain
2795 Boulevard Champlain, Québec

Etappe 18
An der Nordseite des St.-Lorenz-Stromes nach Westen

Lévis - Trois Rivières - Vaudreuil-Dorion
320 km

Haus mit Hund in Trois-Rivières

Haus mit Katze in Lévis

Etappe 18 - 320 km

Entfernungen:
145 km Lévis - Trois-Rivières
175 km Trois-Rivières - Vaudreuil-Dorion

Pkw mit deutschem Fake-Kennzeichen in Trois-Rivières

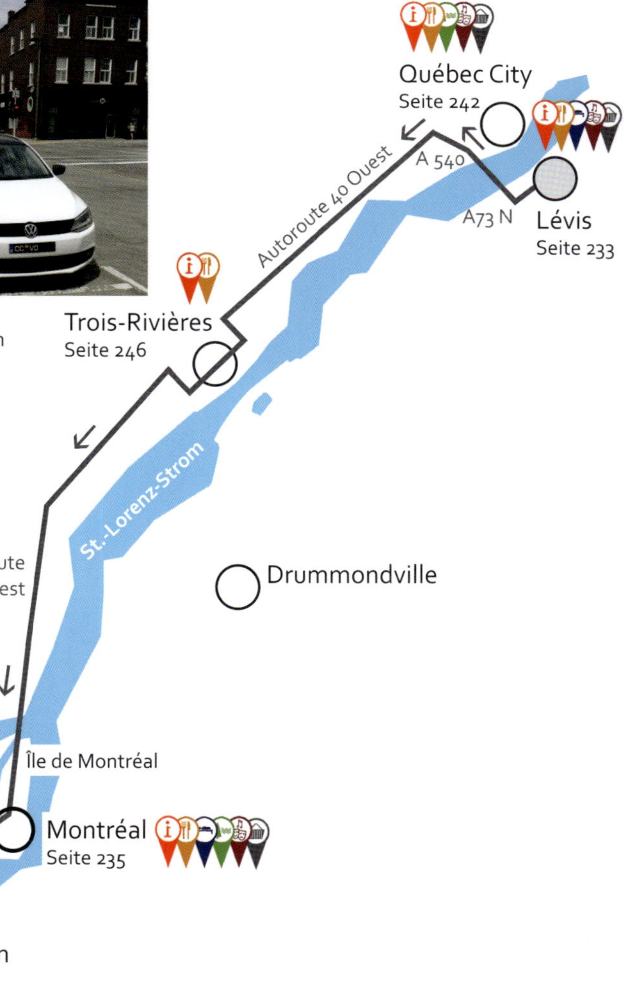

Québec City
Seite 242

A 540

Lévis
Seite 233

A73 N

Autoroute 40 Ouest

Trois-Rivières
Seite 246

St.-Lorenz-Strom

Drummondville

Autoroute
40 Ouest

Île de Montréal

Montréal
Seite 235

Vaudreuil-Dorion
Seite 246

St.-Lorenz-Strom in Pointe-Claire

Etappe 19
Am Wasser entlang zum Flughafen

Vaudreuil-Dorion - Sainte-Anne-de-Bellevue - Pointe-Claire - Montréal Pierre-Elliott-Trudeau International Airport 40 km

Blick von Sainte-Anne-de-Bellevue zur Île Bellevue

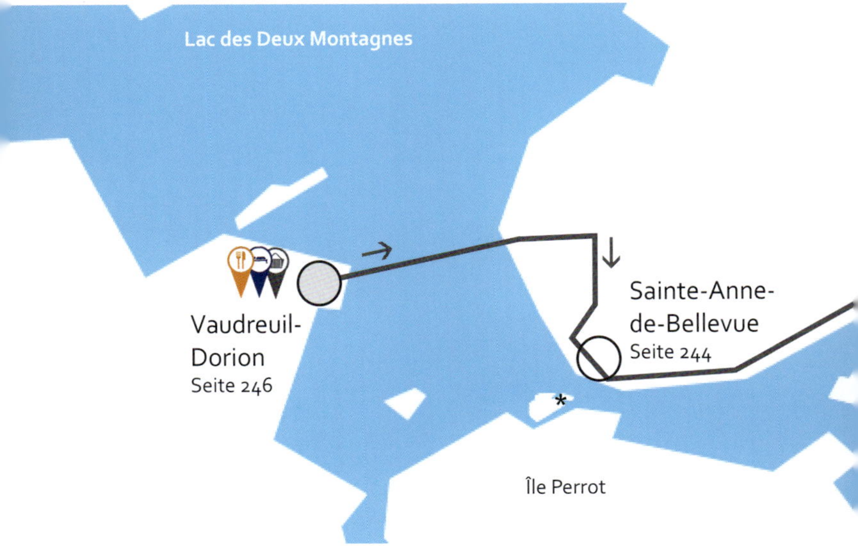

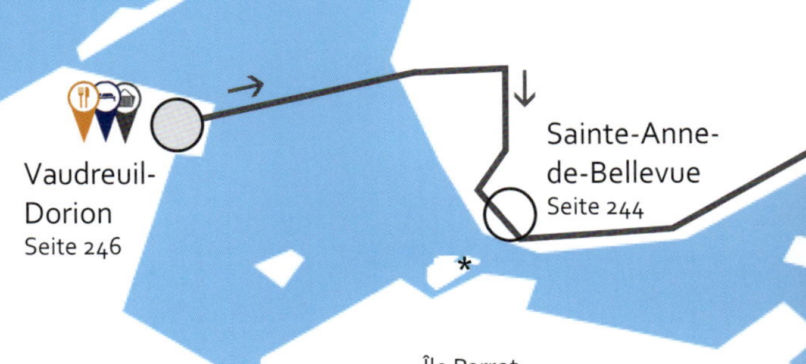

* Île Claude und Île Bellevue

Etappe 19 - 40 km

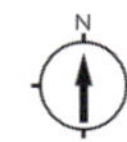

Entfernungen:
10 km Vaudreuil-Dorion - Sainte-Anne-de-Bellevue
20 km Sainte-Anne-de-Bellevue - Pointe-Claire
10 km Pointe-Claire - Montréal P.-E.-Trudeau International Airport

Sainte-Anne-de-Bellevue

Pointe-Claire
Seite 241

Montréal
P.-E.-Trudeau
International
Airport (Dorval)
Seite 235

St.-Lorenz-Strom

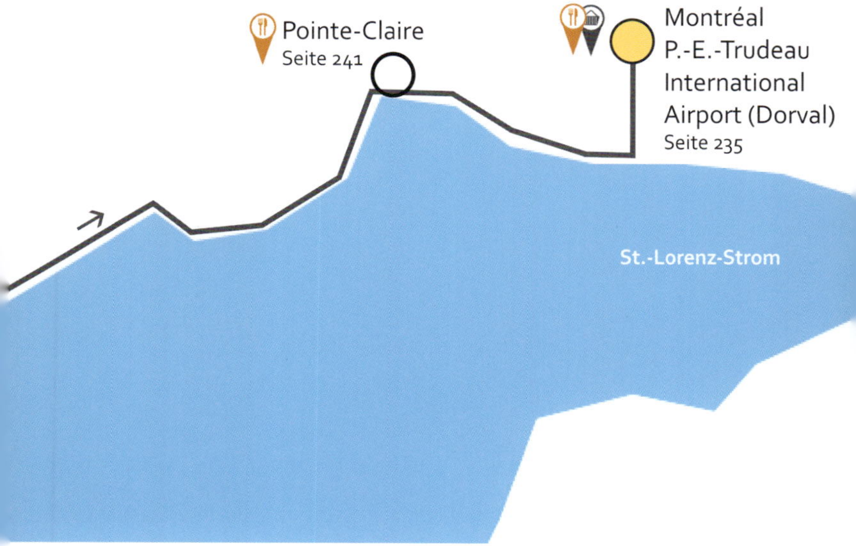

Die Informationen

Wissenswertes, Geographisches
und ein Verzeichnis aller
besuchten Orte mit Adressen.
Dazu Tipps und spezielle Icons
zur schnellen Orientierung.
Plus eine nach Themen
sortierte Gesamtübersicht
aller Web-Links.

SHARED
PATHWAY

Wissenswertes

Nützliches, Kurioses und alltägliche Informationen über Ontario und Québec, die den Alltag vor Ort erleichtern und so in keinem anderen Reiseführer zu finden sind.

Einreise-Formalitäten

Einfach so mal nach Kanada fliegen ist nicht mehr. Seit 2016 möchte Kanada vorher wissen, wer zu Besuch kommt und hat daher ein Anmeldeformular eingeführt - application for an Electronic Travel Authorization (eTA). Wie das mit dem Formular geht und was man dafür benötigt, erklärt den Einreisewilligen der kanadische Staat unter *www.canada.ca/eta*. Als nicht visapflichtiger deutscher Staatsbürger mit Reisepass, E-Mailadresse und Kreditkarte hat man es einfach. Ist online alles ausgefüllt und bezahlt, und ist man in seinem bisherigen Leben nicht weiter negativ aufgefallen, so erhält man zügig per E-Mail die Einreiseerlaubnis: Your application for an Electronic Travel Authorization (eTA) has been approved. You are now authorized to travel to Canada by air.

Die eTA gilt maximal 5 Jahre und ist mit dem Reisepass verknüpft. Ändert sich dieser innerhalb der 5 Jahre benötigt man eine neue eTA.
Bei Einreise mit einem Fahrzeug aus den USA oder mittels Boot oder Schiff ist keine eTA erforderlich.

Reisezeit

Plant man eine Reise durch den Osten Kanadas ist es gut zu wissen, dass die Saison der meisten touristischen Attraktionen etwa am 1. Mai beginnt. Wetterbedingte Ausnahmen bzw. Verzögerungen sind möglich. Schiffsfahrten beispielsweise können je nach Wetterlage schon im April oder erst ab Mitte Mai starten. Unbedingt vor Ort informieren!

Vor Mai ist in den Touristengebieten und auf dem Lande eher wenig los. Die Hauptsaison, mit vielen Veranstaltungen, ist in den Monaten Juli und August. Zu dieser Zeit haben die kanadischen Schulkinder Ferien und dann sind natürlich auch viele Kanadier unterwegs.
Im September und Oktober sieht man in Ontario und Québec in vielen Gebieten die schön gefärbten Wälder des Indian Summer und es ist normalerweise noch angenehm warm - das sagen jedenfalls die Kanadier vor Ort.

In den Städten bekommen Reisende das ganze Jahr über etwas geboten.

Polizei/Grenze

Ist man mit dem Mietwagen unterwegs und wird von der Polizei angehalten und kontrolliert oder steht man an der Grenze Kanada/USA ist es superwichtig, die Hände am Lenkrad zu lassen.

Polizisten in Kanada und den USA sind mittlerweile sehr sensibel, was das Bewegen von Händen betrifft. Ein einfacher Griff in die Handtasche oder ins Handschuhfach, um den Ausweis zu holen, kann als Griff zur Waffe missverstanden werden und ungeahnte Folgen nach sich ziehen. Deshalb Hände immer ans Lenkrad, bis die Polizei etwas anderes sagt.

Ost-Kanadier

Die Ost-Kanadier die ich getroffen habe waren sehr freundlich, höflich, hilfsbereit, humorvoll, und herzlich. Dies gilt generell für die meisten Kanadier bis auf einzelne Exemplare, die aus der Art geschlagen sind. Diese artfremden Typen werfen ihren Müll aus dem Auto oder belegen einfach zwei Parkplätze.

Maßeinheiten

Die Angaben von Temperatur, Entfernung und Volumen werden in Kanada, wie in Europa, in Grad Celsius, Kilometer und Liter angegeben. Man muss sich also nicht umgewöhnen.

Die Maßeinheiten in den USA sind anders, nämlich Fahrenheit (32 °F = 0°C), Meilen (1 Meile = 1,609 km) und Gallonen (1 Gallon = 3,79 Liter).

Geräusche

Lärm scheint den meisten Ost-Kanadiern nichts auszumachen. Selbst in wenig besiedelten Gegenden stehen die Häuser oft in unmittelbarer Nähe des Highways, auf dem die großen Trucks vorbeidonnern. Da sehr viele Häuser Klimageräte haben, surrt und brummt es sehr oft.

Liegt ein Hotel im Gewerbegebiet, können Kühlaggregate von Supermärkten oder abgestellten Anhängern richtig nerven. Fenster sind meist nicht ganz so schalldicht wie in Deutschland, und so lässt es sich auch am vorbeifahrenden Verkehr teilhaben.

Befindet sich die Unterkunft in einem ruhigen Gebiet, so ist das noch keine Garantie für einen ungestörten Schlaf. Ohne Verkehr und Klimaanlage bleiben noch knarzende Bodendielen, die es in alten Häusern öfter gibt und die bei aktiven Mit-Gästen hinderlich für's Einschlafen sein können.

Frühstück

Scheinbar frühstückt der Ost-Kanadier nicht mehr zu Hause. Die langen Schlangen, die ich vormittags an den Drive-In Schaltern von Tim Hortons sehen konnte, beweisen das. Es gehört scheinbar zum guten Ton, sich den Kaffee bei „Timis" zu holen.

Besteck

Der Ost-Kanadier legt im Allgemeinen keinen Wert auf richtiges

Geschirr und Besteck. Außer in besseren Restaurants gibt es so oft Plastik- oder Pappteller und Pappbecher to go. Teilweise auch Kunststoffbesteck. Ich habe den Eindruck, dass es außer mir auch niemanden zu stören scheint. Mein Wunsch eine richtige Tasse zu bekommen - „because I stay here", - wurde bei Tim Hortons nur einmal erfüllt. Ansonsten bekam ich trotz des Vorhandenseins von Tassen doch wieder einen Becher to go. Bei den meisten Food-Ketten ist es genauso. Selbst „Öko-Health-Green-Food" wird in und mit Kunststoff Equipment serviert.

Supermarkt

In den Supermärkten (grocery stores) diverser Ketten stehen unendlich viele Sorten Joghurt im Regal. 99,9 % davon haben nur 0,1 % Fett. Zusammen ergibt das zwar 100%, aber lecker ist anders. Mir persönlich schmeckt das jedenfalls überhaupt nicht. Nach langem Suchen in kilometerlangen Kühlregalen konnte ich mit großem Glück eine einzige Marke griechischen Joghurts finden die - Achtung! - 12 % Fett enthält. Für mich ein Wunder und ein großer Genuss. Bei der Milchauswahl sieht es fettmäßig genauso übel aus.

Alkohol

Männliche Kanadier geben unwissenden Touristen gerne Hinweise, wie sie bei Bedarf in Ontario oder Québec an Bier kommen können.

Alkohol zu kaufen, ist fast so einfach wie in Deutschland. Bier, Wein und Cider werden in Ontario nicht mehr nur in speziellen Beer Stores, Winery Retail Stores oder LCBO Stores angeboten, sondern mittlerweile auch in Grocery Stores (Supermärkten) und Corner Stores (Kiosken). Verboten ist es, Alkohol an Personen unter 19 Jahren zu verkaufen. In Québec darf die SAQ (Société des alcools du Québec) harte und weiche Alkoholika verkaufen, hier ist das an Personen ab 18 Jahren erlaubt. Wein und Bier sind in Grocery Stores oder Corner Stores erhältlich. In vielen Orten gibt es Brewerys, die verschiedene Arten Craft Beer in guter Qualität herstellen, so dass für jede Geschmacksrichtung etwas dabei ist.

Die Promillegrenze im Straßenverkehr liegt bei 0,5. Immer daran denken: Don't drink and drive.

Poutine

Eine ganz spezielle kulinarische Herausforderung ist Poutine. Entweder man liebt es oder bekommt davon das kalte Grausen. Normale Poutine besteht aus French fries, cheese curds topped with a light brown gravy also Pommes, Käsestücken und Bratensauce. Pommes und Käse sind eher fettig und die Bratensoße verfestigt sich. sobald sie kalt wird.

In einem etwas empfindlichen Magen liegt Poutine wie ein Backstein, dafür sättigt es wie wahnsinnig und hat mindestens 10.000 Kalorien. Männer sind meist von Poutine begeistert, Frauen eher weniger. Ob das an der Optik, dem Geschmack oder den Kalorien liegt sei dahingestellt. Optisch ist eine Portion Poutine für Gourmets oft kein Augenschmaus.

Wasser

Wer gerne Wasser trinkt ist in Kanada gut bedient und spart Geld. In Cafés und Restaurants wird so gut wie überall kostenfrei Wasser angeboten. Manchmal stehen Tische mit Wasser in Karaffen in der Nähe der Theke und man kann sich einfach ein Glas nehmen und selbst Wasser einschenken.
Manchmal wird ein Glas Wasser mit den bestellten Speisen an den Tisch gebracht. Teils kommt das ausgeschenkte Wasser direkt aus dem Hahn, teils wird es vorher gefiltert. Geschmacklich fand ich das Wasser immer gut, die Gläser teils unkonventionell in Form und Farbe.

GPS

Sinnvoll ist als Tourist in Kanada, mit GPS-Navigation im Auto zu fahren. Die Schilder an den Highways zeigen oft die Nummer und die Richtung (North – South - East – West), jedoch nicht den nächstgrößeren Ort. Hilfreich ist es, sich Kanada auf dem Globus vorzustellen um die passende Richtung zu finden. Da das Land sehr nördlich liegt, kann es passieren, dass man auf Karten Ost mit Nord verwechselt.

Ein aktuelles GPS-Gerät ist auch bei der Suche von kleineren Orten oder Adressen unverzichtbar. Oft stehen Schilder mit Namen (Smith Road) oder einem Bezug zur Umgebung (Lower Oak Leave Road, Onion Spring Road) an der Straße, was es Fremden unmöglich macht, sich zu orientieren. Im Osten Kanadas wird viel gebaut. GPS-Geräte mit älteren Karten sind dadurch oft überfordert und schicken die Fahrer in die Irre oder immer wieder im Kreis umher.

Geschwindigkeit

Die Schilder mit der erlaubten Geschwindigkeit von 100 km/h auf dem Highway scheinen nur zur Dekoration da zu sein. Kein Kanadier hält sich an das Tempolimit, zumindest wirkt das so. Von den Einheimischen bekomme ich sofort gesagt, dass man 110 - 120 km/h fahren kann, ohne dass einen die Polizei anhält. Hält man diese Karenzgeschwindigkeit nicht ein und fährt zu langsam (also mit 100 km in der Stunde), drängeln die Trucks von hinten und überholen auf der linken Spur.
Ist ein Autofahrer zu schnell unterwegs, beamt sich die kanadische Polizei sofort mit Blaulicht und Getöse aus dem Nichts herbei und hält das Auto an. Woher das Polizeiauto, das vorher unsichtbar war gekommen ist, zählt zu den ungeklärten Phänomenen des Alltags. Also Augen auf im Straßenverkehr und immer angepasst fahren.

Kennzeichen

Andere Länder, andere Fahrzeugkennzeichen. In der Provinz Ontario haben Fahrzeuge wie in Deutschland ein Kennzeichen an Front und Heck. In der Provinz Québec müssen PKW nur am Heck ein Kennzeichen tragen. In einigen Städten der Provinz Québec war ich sehr erstaunt auf der Straße Autos mit quasi deutschem Kennzeichen - einem D und den europäischen Sternen - zu sehen. Ein Kanadier hat mich schließlich aufgeklärt. Es sind nur deutsche „Fake-Kennzeichen" mit denen Kanadier ihre deutschen Autos verschönern. Sehr gerne wird das mit Fahrzeugen der Marke VW gemacht.

Straßenverkehr

Der Kanadier ist im Straßenverkehr eher rücksichtsvoll. Außer er sitzt in einem Truck oder einem Sportwagen. Fußgänger haben gefühlt immer Vorfahrt. Wenn ich nur an der Straße stand, um mich mal umzuschauen, hielt sofort ein Auto an um mich über die Straße gehen zu lassen, selbst wenn ich es gar nicht immer wollte.

Straßengebühren

Fährt man auf den kanadischen Straßen/Highways, muss man sich bis auf wenige Ausnahmen keine Gedanken über die Bezahlung machen, denn die Benutzung ist gebührenfrei. Ausnahmen in Ontario sind Hwy 407, Hwy 412 und in Québec AutoRoute 30. Bei großen Brücken sieht es ganz anders aus, hier ist es empfehlenswert Kleingeld bereit zu halten, das Befahren kostet meist etwas.

Schule

Was im kanadischen Straßenverkehr gar nicht geht und völlig unverzeihlich ist, was ich auch immer wieder von allen Seiten gesagt bekommen habe, ist, zu schnell an einer Schule vorbeizufahren. An Schulen muss man sich unbedingt, unter allen Umständen, immer an das Tempolimit halten. Noch schlimmer ist es, einen „School Bus" der anhält und Schüler ein- oder aussteigen lässt zu überholen. An blinkenden Schulbussen immer anhalten, auch wenn keine Kinder zu sehen sind, sonst kann es teuer werden.

Transport

Informationen zu allen Arten von Transport (Highway, Ferry) und deren Einschränkungen (Road Closure usw.) erhält man für Ontario auf der Webseite des Ministry of Transportation: *www.mto.gov.on.ca/english.*
Der Ontario 511 Travel Information Service findet sich unter: *511on.ca*
Die Funktionen sind sehr komfortabel und zeigen je nach Auswahl: Baustellen, Verkehrskameras, Sperrungen usw. auf den Strecken an.
Die Informationen für Quebec sind unter *www.quebec511.info* abrufbar.
ONroute Service Center an den

Highways 400 und 401 sind ähnlich der deutschen Raststätten. Sie bieten Essen, WC, kostenfreies WLAN und eine Tankstelle.

Urlaub

Die Kanadier machen sehr oft Wochenendurlaub im eigenen Land. Der Grund dafür ist die geringe Zahl an Urlaubstagen. Das sind, je nach Job, nur so ca. 10-15 Tage im Jahr. Das Ergebnis sind vollgestopft Orte von Freitagabend bis Sonntagnachmittag. Sonntagabend ist dann auf einmal nichts mehr los. Und nichts heißt nichts. Die Orte sind teils völlig ausgestorben und extrem ruhig. Ich hatte manchmal das Gefühl, abends durch eine Geisterstadt zu laufen. Das wirkte irgendwie irreal.

Ausland

Unverständnis erfährt man als Reisende, erwähnt man bei Kanadiern, dass man auch die USA bereisen möchte. Für einen Teil der Kanadier ist es schwer nachvollziehbar, sich freiwillig in „Feindesland" zu begeben. Dort sei es gefährlich, die Menschen seltsam und sowieso sei Kanada viel schöner. Wie überhaupt jemand auf den Gedanken kommen kann, von Kanada in die USA zu reisen, verstehen viele nicht.

Shopping

Ein Shopping-Paradies ist der Osten Kandas nicht. Die Outlet-Center sehen dank der Globalisierung genauso aus wie in Deutschland, auch die Marken sind quasi identisch. Die erwarteten preislichen Schnäppchen gibt es nicht wirklich und die angebotenen Kleider und Schuhe sind oft eher das Gegenteil von stylisch.

Keine Regel ohne Ausnahmen: Ein kanadisches Mode-Label das vor Ort produziert ist „Muskoka Bear Wear". Bei „SAIL" (vergleichbar mit Globetrotter in Deutschland) beispielsweise gibt es in unendlich großen Hallen eine riesige Auswahl an allem, was das Outdoor-Herz höher schlagen lässt. Jeder Angler oder Jäger wähnt sich im Shopping-Himmel und verfällt in einen Kaufrausch. Alle anderen Menschen erschrecken sich eher an den Gerätschaften, die Tiere letztendlich das Leben kosten.

Preise

Die Preise in Kanada halten nicht das, was sie versprechen. Als Europäer, der an Brutto Preise gewöhnt ist, erschreckt man bei der ersten Rechnung und ist sehr überrascht. Zum angegebenen Preis kommt die Steuer noch oben drauf. Das ist überall so, egal ob Hotel, Supermarkt, Tankstelle ...

Je nach Provinz oder Territorium kommt eine GST (Goods and Service Tax), eine HST (Harmonized Sales Tax) oder eine ganz andere Tax noch dazu. So fällt eine Rechnung schnell mal höher aus, als erwartet.

Öffnungszeiten

Was die verfügbare Zeit für das Einkaufen von Lebensmitteln, Klamotten, Schuhen oder Souvenirs betrifft, ist diese in Kanada gemischt. Es gibt keine einheitlichen Ladenöffnungszeiten. Geschäfte schließen teilweise schon um 18:00 Uhr, manche Läden öffnen auch sonntags. Wie und wann man sich dem Shopping-Rausch hingeben kann, hängt sehr von der Stadt und Umgebung ab. Lebensmittel gibt es so gut wie immer. Grocery Stores haben meist an 7 Tagen geöffnet.

Achtung, keine Regel ohne Ausnahme: An Feiertagen können die Geschäfte verkürzte Öffnungszeiten haben oder auch mal ganz geschlossen bleiben.

Temperatur

Scheint die Sonne, darf man sich von ihr nicht einfach blenden lassen.
Sonnig bedeutet nicht automatisch auch warm. Der Wind aus dem Norden ist heftig und kalt. Bei strahlendem Sonnenschein und einem starken Nordwind kann es im Frühling auch mal nur so 3 °C haben. Die Temperaturen fühlen sich dann zeitweise wie im deutschen Winter an.
Angegeben wird die Temperatur in Grad Celsius.

Wetter

Der Kanadier an sich hält nichts von der Wettervorhersage im Fernsehen. Der allgemeine Tenor lautet, dass das Wetter sich immer anders verhält als die Nachrichten es vorhersagen. Leider hat sich diese Weisheit bei der Vorhersage von schlechtem Wetter nicht bestätigt. Als ich vor Ort war, sind die angekündigten tagelangen Regenfälle alle eingetreten.

Toilette/Bathroom

Muss man mal in Kanada, so sucht man im englischsprachigen Teil am Besten nach einem Bathroom oder Washroom und nicht nach einer Toilette.

Dort wird man sozusagen täglich mit seiner Verdauung konfrontiert. Die Toilettenschüssel ist, anders als in Deutschland, hoch mit Wasser gefüllt und alles, was so an „Menschlichem" hineinkommt, schwimmt erst mal gut sichtbar herum. Sobald man den Spüler drückt oder zieht, füllt sich die Schüssel mit noch mehr Wasser.
Das kann ein Gefühl von ernster Panik hervorrufen, da es für unwissende Europäer so aussieht, als ob das Wasser samt Inhalt gleich über den Rand schwappt. Ist man gerade dabei hektisch zu überlegen, wie dieses Desaster verhindert werden kann, gibt es plötzlich ein lautes Schlürf-/Sauggeräusch und alles verschwindet als Wasserstrudel im dunklen kanadischen Nichts.
Die Schüssel ist dann kurz leer und füllt sich sofort wieder - bis fast unter den Rand - mit Wasser.

TV

Das Fernsehen in Kanada ist eher speziell. Es gibt eine Vielzahl an Sendern: Regionale Sender, die sich thematisch an Ort, County oder Provinz orientieren und stundenlang über das Wetter oder die Regierung vor Ort sprechen sowie Sparten-Sender, auf denen 24 Stunden nur Sendungen zu einem einzigen Thema laufen. Gerne gezeigt werden die Themen: Kochen/Essen oder Bauen/Wohnen. Die Akteure sind dabei austauschbar, das Ende der Sendung vorhersehbar und die Werbeunterbrechungen zahlreich. Das Ganze langweilt nach kurzer Zeit sehr.

Die wenigen Filme, die auf vereinzelten Sendern laufen oder die auch in Deutschland bekannten Serien, werden durch viele Werbeblöcke heftigst gestreckt und verunstaltet.

Aussprache

Achtet man als Reisende auf die ortsübliche Aussprache der Städte- und Ortsnamen, so zeigen sich die Einheimischen in den meisten Fällen beeindruckt.
Um nicht gleich sprachlich aufzufallen, hier die ultimativen Kiefer-Lippen-Beweg-Betonungs-Tipps für ausgewählte Städte:

Städtenamen	Aussprache
Montréal	Monreal, betont wird das „n"
Ottawa	Odawa, betont langezogen wird das O, das als sächsisches O gesprochen wird. Der Unterkiefer bewegt sich beim Ottawa-O nach vorne, der Oberkiefer bleibt dabei stehen.
Gatineau	Gätno (Aussprache in Ontario)
Toronto	Torowno, betont wird das „row"
Cobourg	Koborg
Niagara	Nei-ägra
Goderich	Godrich, betont wird das „God"
Meaford	Miford, mit langem i
Québec	Kebäck, Betonung wie bei Gebäck
Lévis	Lewi, betont auf der zweiten Silbe „wi"
Sutton	Sattn oder Suttoh, betont wird „toh"

Geographisches

Wie heißt die Region in der ich unterwegs bin, welcher See war das gleich nochmal? Geographisches für die beschriebene Reise durch Ontario und Québec, kurz und knapp zusammengefasst.

Kanada

Zehn Provinzen und drei Territorien bilden den Bundesstaat Kanada mit rund 37 Mio. Einwohnern auf einer Fläche von knapp 10 Mio. km². Die Provinzen haben mehr Befugnisse als die Territorien. Überall gibt es jedoch ein Parlament und einen Premierminister. Zwischen den Verwaltungsgebieten herrschen teils große Unterschiede in landschaftlicher, kultureller und ethnischer Hinsicht. Die Territorien (Yukon, Nunavut und Nordwest-Territorien) sind im Vergleich zu den Provinzen stark indigen geprägt. Zu den Atlantikprovinzen zählen Nova Scotia, New Brunswick, Prince Edward Island und Neufundland & Labrador. Die Zentralprovinzen sind Ontario und Québec. Im Westen beheimatet sind die Provinzen Manitoba, Saskatchewan, Alberta und British Columbia.

Canadian Shield/Kanadischer Schild

Eine über 5 Millionen km^2 große Masse die aus uralten, von Gletschern abgeschliffenen Gesteinsschichten, meist Granit und Gneis, besteht. Diese vor über 2 Milliarden Jahren gebildete Masse dehnt sich über die kanadischen Regionen Labrador, Nord-Québec, Nord-Ontario, die Hudsonbay-Niederung, die Nordwest-Territorien, das Yukon-Territorium und den Arktischen Archipel aus. Im Südosten gehen Ausläufer bis zum Tiefland des St.-Lorenz-Stromes und im Südwesten bis Minnesota und Wisconsin in den USA. Das Gestein war während der letzten Eiszeiten nahezu vollständig von Inlandeis bedeckt. Dies prägt bis heute seine Formen an der Oberfläche. Die Lage und Form der Gesteinsmasse führten zur Bezeichnung „Kanadischer Schild".

Provinz Ontario

Mit ca. 13,5 Mio. Einwohnern ist Ontario die bevölkerungsreichste Provinz Kanadas. Die Landessprache ist Englisch. Sie liegt im Südosten und ist nach Québec die flächenmäßig zweitgrößte der Provinzen Kanadas. Nunavut und die Nordwest-Territorien sind flächenmäßig größer, gehören aber zu den Territorien. Ontario grenzt an die Provinzen Manitoba im Westen und Québec im Osten sowie an fünf US-Bundesstaaten im Süden. Toronto ist die Hauptstadt der Provinz Ontario und die größte Stadt Kanadas. Ottawa, die Hauptstadt Kanadas, befindet sich im Osten an der Grenze zu Québec.

Ottawa River

Der Ottawa River ist ein Nebenfluss des St.-Lorenz-Stromes. Er bildet, auf einem großen Teil seiner Länge, die Grenze zwischen den kanadischen Provinzen Ontario und Québec. Der Fluss ist circa 1270 km lang. Er entspringt in den Laurentinischen Bergen in der Provinz Québec und mündet bei Montréal in den St.-Lorenz-Strom. Die Hauptstadt Ottawa steht am Südufer des Flusses.

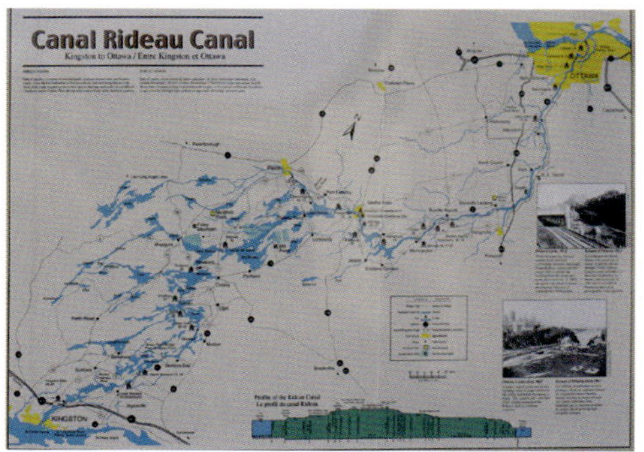

Rideau Canal

Der Rideau Canal in Ontario verbindet Ottawa am Ottawa River mit Kingston am Lake Ontario. Die über 200 km lange Wasserstraße besteht aus vielen Teilstücken die große und kleinere Seen miteinander verbindet. Der Kanal ist mit Booten befahrbar.

St.-Lorenz-Strom

Der St.-Lorenz-Strom fließt aus dem Lake Ontario in nordöstlicher Richtung in den Nord-Atlantik und ist etwa 1200 km lang. Er ist auf der gesamten Länge schiffbar und ein wichtiger Transportweg. Im Gebiet Tadoussac bis Blanc-Sablon lassen sich zwischen Mai und Oktober verschiedene Walarten wie Beluga-, Buckel-, Finn- oder Zwergwal beobachten.

Thousand Islands

Eine Gruppe von über 1800 Inseln unterschiedlichster Größe, die sich im St.-Lorenz-Strom, östlich des Lake Ontario, befinden. Ein Teil der Inseln gehört zur Provinz Ontario/Kanada, ein Teil zum Bundesstaat New York/USA.

Lake Ontario

Der Lake Ontario ist von seiner Fläche der kleinste der fünf Seen. Die Grenzen zwischen den USA und Kanada verläuft durch den See. Der Hauptzufluss erfolgt aus dem Lake Erie über den Niagara River.

Der See hat eine natürliche, schaukelnde Wasserbewegung, die Seiche genannt wird. Der Seiche-Rhythmus im Lake Ontario beträgt elf Minuten. Der Seiche-Effekt beträgt normalerweise nur etwa 2 cm, kann sich aber durch Erdbewegungen, Winde und atmosphärische Druckänderungen erheblich verstärken. Seiche gibt es fast immer in den Seen der Great Lakes.

Niagara River

Der Niagara River ist etwa 55 km lang und fließt vom Lake Erie in Richtung Norden in den Lake Ontario. Die Niagara Falls liegen in seinem Verlauf. Der Höhenunterschied entlang des Flusses beträgt etwa 99 m. Die kanadischen Fälle, die Horseshoe Falls, haben allein eine Fallhöhe von 57 m. Die Rainbow Bridge verbindet die Städte Niagara Falls/Ontario und Niagara Falls/New York.

Lake Erie

Der Lake Erie ist von seiner Fläche der zweitkleinste und von seiner Lage der Südlichste der fünf Seen. Die Grenzen zwischen den USA und Kanada verläuft durch den See. Pelee Island ist auf kanadischer Seite mit $42m^2$ die größte Insel im Lake Erie.

Lake St. Clair

Der See liegt nordöstlich von Detroit und Windsor. Die Grenze zwischen den USA und Kanada verläuft durch den See. Er bildet einen Teil des Wassersystems der Great Lakes, wird jedoch nicht dazu gezählt.

Lake Michigan

Der Lake Michigan ist von seiner Fläche der drittgrößte der fünf Seen. Er liegt vollständig im Gebiet der USA. Der See ist durch die Wasserstraßen „Straits of Mackinac" mit dem Lake Huron verbunden. Aus hydrogeologischer Sicht handelt es sich bei den beiden Seen Lake Michigan und Lake Huron um einen einzigen See.

Lake Huron

Der Lake Huron ist von seiner Fläche der zweitgrößte der fünf Seen. Die Grenze zwischen den USA und Kanada verläuft durch den See. Im Norden des Sees liegen die Georgian Bay und der North Channel. Diese werden durch Manitoulin Island, der größten Seeinsel der Welt, vom Hauptsee getrennt. Der größte Wasserzufluss in den Lake Huron kommt vom St. Marys River in den See. Der Wasserabfluss erfolgt über den St. Clair River in den Lake St. Clair.

Bruce Peninsula

Die Bruce Peninsula ist eine Halbinsel im Lake Huron. Sie beheimatet den Bruce Peninsula National Park und ist touristisch erschlossen. Interessant sind beispielsweise die Stadt Tobermorey mit Flowerpot Island, der Bruce Hiking Trail und einige Schiffswracks an der Küste.

Georgian Bay

Eine Bucht im Lake Huron, an der Ostseite der Bruce Peninsula. Das Gebiet South Georgian Bay mit den Städten Collingwood, Meaford und Wasaga Beach sowie den Blue Mountains in der Nähe hat touristisch einiges zu bieten. Der Georgian Bay Islands National Park umfasst 63 Inseln und erstreckt sich über 50 km entlang der östlichen Georgian Bay. Die Hauptinsel ist Beausoleil Island mit 8 km Länge. Sie erreicht man von Honey Harbour aus. Das Gebiet East Georgian Bay mit der Stadt Parry Sound und den 30.000 Islands ist landschaftlich sehr schön.

Thirty Thousand Islands (30.000 Islands)

Das sind zehntausende von Inseln in der Georgian Bay. Das Gebiet heißt Thirty Thousand Islands und hat keine formalen geografischen Grenzen. Die 30.000 Islands erstrecken sich im Süden der Georgian Bay von der Beausoleil Island bis zum French River Provincial Park im Norden.

St. Marys River

Der St. Marys River verbindet den Lake Superior mit dem Lake Huron. Die Grenze zwischen den USA und Kanada verläuft durch den Fluss. Er stürzt ca. 6 m durch den „Sault" (Sturz) was den dort im Grenzgebiet liegenden Städten Sault Ste. Marie (je eine Stadt in Kanada und den USA) ihren Namen gibt.

Lake Superior

Der Lake Superior gehört zu den Great Lakes und ist von seiner Fläche der größte der fünf Seen. Die Grenze zwischen den USA und Kanada verläuft durch den See. Er hat über 200 Wasserzuflüsse und die beste Wasserqualität. Die größte Insel im See ist die Isle Royale auf der US-amerikanischen Seite.

Great Lakes

Lake Superior, Lake Michigan, Lake Huron, Lake Erie, Lake Ontario.
Die Great Lakes sind fünf miteinander verbundene große Seen, die das größte Süßwasserreservoir der Erde bilden. Sie befinden sich im Grenzgebiet zwischen Kanada und den USA im Osten Nordamerikas.
Durch ihre Größe besitzen sie meerähnliche Eigenschaften wie starke Strömungen, rollende Wellen, anhaltende Winde und große Tiefen. Das gegenüberliegende Ufer ist teils nicht zu sehen. Dies verstärkt die Illusion man befinde sich am Meer.

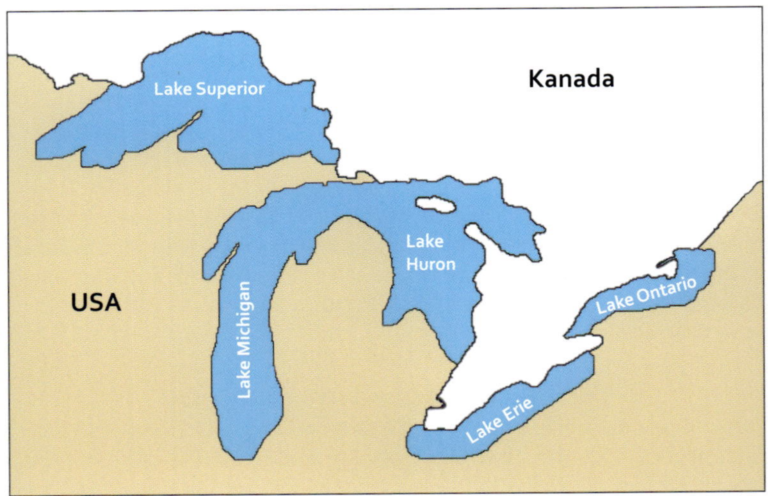

Der Weg des Wassers durch die Great Lakes:
Vom Lake Superior fließt das Wasser in den Lake Huron und den Lake Michigan, dann über den St. Clair River, den Lake St. Clair und den Detroit River in den Lake Erie, über den Niagara River in den Lake Ontario, von dort in den St.-Lorenz-Strom und in den Nord-Atlantik.

Übersicht Great Lakes

	Lake Superior	Lake Michigan	Lake Huron	Lake Erie	Lake Ontario
Maximale Tiefe* (m)	406	282	229	64	244
Volumen* (km3)	12.100	4.920	3.540	484	1.640
Retentionszeit (Jahre)**	191	99	22	2,6	6

** bei Niedrigwasser*

*** Zeit, die das Wassser in einem See benötigt, bis es vollständig ausgetauscht ist.*

Blue Mountains

Berge mit einer Höhe von circa 300 m nahe Meaford und Collingwood und der Georgian Bay. Die Blue Mountains sind touristisch sehr erschlossen, Unterkünfte gibt es im Blue Mountain Village. Im Sommer kann man im Gebiet biken und wandern, im Winter Ski fahren und snowboarden. Wer das ruhige und abgeschiedene Kanada sucht, sollte eher in eine andere Region fahren.

Muskoka Region

Sehr schönes Gebiet mit Seen und Flüssen, beispielsweise dem Lake Muskoka zwischen Gravenhurst und Port Carling. Das Gestein und die Felsen des Canadian Shield sind hier gut zu sehen.

Provinz Québec

Québec ist die flächenmäßig größte der Provinzen in Kanada mit über 8 Mio. Einwohnern. Landessprache ist Französisch. Die Hauptstadt ist Québec City. Die Provinz ist sehr waldreich und beinhaltet rund 1 Million Flüsse und Seen. Höchster Berg ist der Mont D'Iberville mit 1.652 m. Québec grenzt an die Provinzen Ontario, Neufundland & Labrador, New Brunswick und das Territorium Nunavut sowie im Süden an US-Bundesstaaten.

Laurentides Region

Laurentides ist eine Verwaltungsregion im Südwesten der kanadischen Provinz Québec. Sie liegt circa 1,5 Autostunden von Montréal entfernt. Die Landschaft wird durch bewaldete Bergkuppen (Laurentinische Berge/ Parc national du Mont-Tremblant) und Gletscherseen geprägt.

Eastern Townships/Estrie

Die Region Eastern Townships liegt im Südosten von Québec, zwischen Montréal, Québec City und der US-Grenze. Sie umfasst Städte und Dörfer, Parks, Berge, Weingüter und Museen. Das Gebiet um Magog-Orford (Parc national du Mont-Orford) ist touristisch und ganzjährig erschlossen.

Orte und Adressen

Was ist wo sehenswert, welche Orte lohnen einen Besuch, wie finde ich interessante Aktivitäten, schmackhaftes Essen oder schöne und angenehme Schlafmöglichkeiten?
Antworten auf diese und viele andere Fragen finden Sie hier.

Alle aufgeführten Orte und Adressen wurden von mir besucht und es hat mir dort aus den unterschiedlichsten Gründen gefallen.

Eine Zufriedenheitsgarantie für andere Menschen gibt es natürlich nicht, da Geschmäcker verschieden sind. Veränderungen wie der Wechsel des Personals oder der Geschäftsführung können weitreichende Folgen hervorrufen.

Spezielle farbige Icons neben den Ortsnamen und die farbige Schreibweise der Themengebiete helfen bei der schnellen Orientierung.

Die Icons stehen für:

Info

Essen

Schlafen

Einkaufen

Natur

Kultur

 Besonders Sehenswertes ist mit einer Kamera gekennzeichnet.

Da sich Preise je nach Saison oder auch Wochentag ändern können sind in der Liste keine Preisangaben enthalten. Die Übernachtungspreise bewegen sich im mittleren Bereich. Zimmer haben meist nur einen Preis, egal ob eine oder zwei Personen dort übernachten. Bed & Breakfast Pensionen bieten manchmal auch Single-Preise. Die günstigste Übernachtung mit Take Away Frühstück kostete mich pro Zimmer 90 CAN$. Für die teuerste Übernachtung mit Frühstück wurden 140 CAN$ fällig.

Tipps um das Budget zu schonen:
Bei Hotels ohne vorherige Buchung lohnt es sich, früh anzureisen, den Internetpreis zu kennen und zu verhandeln. Bed & Breakfast Pensionen geben bei mehrtägigen Aufenthalten oft einen Rabatt.
Das Essen ist mittags (Lunch) meist preisgünstiger als abends (Dinner), obwohl das Angebot identisch ist.
An manchen Tagen ist der Eintritt in Museen frei.
Vor Ort in den Tourist Infos fragen, was es kostenfrei zu sehen gibt.

Adolphustown (Ferry - Prince Edward County) ⓘ Seite 139

www.mto.gov.on.ca/english/ontario-511/ferries.shtml#glenora

Adolphustown, ein Gebiet der Stadt Greater Napanee, liegt in landwirtschaftlich genutztem Gebiet und ist aufgrund der Fähre bekannt.

Info

Von Kingston kommend über den Scenic and Historic Loyalisten Parkway (Highway 33 East) erreicht man in Adolphustown die kostenfreie Fähre nach Glenora auf dem Prince Edward County. Die Fähre verkehrt je nach Jahreszeit alle 15 bzw. 30 Minuten an 365 Tagen.

Algonquin Provincial Park   Seite 171

www.algonquinpark.on.ca - *www.ontarioparks.com/park/algonquin*

Die Durchfahrt auf dem Highway 60 ist kostenfrei. Der Park hat Laub- und Nadelwald, viele Seen, Felswände, ein Visitor Center mit Cafeteria, Übernachtungs- und Einkaufsmöglichkeiten. Geöffnet ist der Park das ganze Jahr, die diversen Einrichtungen allerdings nicht - Öffnungszeiten beachten!

Info, Natur

Das **West-Gate** markiert den westlichen Eingang in den Algonquin Park (km 0.0). Es befindet sich 43.6 km östlich der Stadt Huntsville und der Kreuzung der Highways 11 & 60.

Das **East-Gate** des Algonquin Parks steht bei km 55.8 des Highway 60. Es befindet sich 5.4 km westlich des Ortes Whitney.

Sanitäranlagen gibt es am East und West Gate, im Visitor Centre, im Algonquin Logging Museum und am East Beach.

Wer wandern möchte, benötigt eine Daily Vehicle Permit für 17 Can$ (inkl. HSTax).

Infotafel am West-Gate

Brockville, 22.000 Einwohner   Seite 131, 175

www.brockvilletourism.com

Schöner Ort mit Geschäften und Restaurants, tolle Lage am St.-Lorenz-Strom, nahe der 1000 Islands. Im Sommer viele Veranstaltungen und Events.

Info

Brockville Tourism Office
10 Market Street West, Brockville, ON, K6V4R7

Essen

Café Boboli - Nur Barzahlung!
32 King Street West, Brockville, ON, K6V 3P6

Cobourg, 19.000 Einwohner   Seite 138, 143

www.cobourgtourism.ca

Angenehmer Ort mit Geschäften und Möglichkeiten auszugehen, schöner Strand.

Essen

The Buttermilk Café
44 King Street West, Cobourg, ON, K9A 2L9
www.buttermilkcafe.com

Schlafen

The Woodlawn Inn (je nach Saison etwas teuer)
420 Division Street, Cobourg, ON, K9A3R9
www.woodlawninn.com

Collingwood, 22.000 Einwohner Seite 163, 167

www.visitsouthgeorgianbay.ca

Liegt in der Nähe der Blue Mountains.
Der alte Ortskern ist schön, nach Geschäftsschluss leider etwas unbelebt. Die Hurontario Street beherbergt kleine Geschäfte und vereinzelte Restaurants. Der neue meist gewerbliche Teil des Ortes ist keinen Besuch wert.

Schlafen

Days Inn
15 Cambridge Street, Collingwood, ON, L9Y 0A2
www.daysinncollingwood.com

Einkaufen
Loblaws Supermarket
12 Hurontario Street, Collingwood, ON, L9Y 2L6

C G

Cornwall, 46.500 Einwohner    Seite 175, 178
www.cornwalltourism.com
Angenehmer Ort mit schönem Lamoureux Park am St.-Lorenz-Strom. Einreise in die USA möglich über die U.S. Customs and Border Protection auf der Seaway International Bridge.

Schlafen

Ramada Hotel
Schöne und ruhige Zimmer nach hinten raus, freundlicher Service. Saubere Guest Laundry.
805 Brookdale Avenue, Cornwall, ON, K6J 4P3
www.cornwallramada.com

Einkaufen
Einkaufszentrum neben dem Hotel
Walmart, Apotheke, Friseur u.a.
Einfahrt Seventh Street West

Gananoque, 5.200 Einwohner     S. 130, 135, 139
www.gananoque.ca
Gateway to the Thousand Islands.
Lage zwischen Brockville und Kingston, direkt am St.-Lorenz-Strom mit den 1000 Inseln. Tolle Basis für Ausflüge und Schiffsfahrten. Kurze Einkaufsstraße im alten Ortskern mit Geschäften und Restaurants. Der Confederation Park im Ort bietet kurze Walks, Liegestühle und beherbergt Kunst.

Info
Gananoque 1000 Islands Visitor Center
10 King Street East, Gananoque, ON K7G 2Y5
www.travel1000islands.ca

Essen, Kultur
The Old English Pub (an manchen Tagen Live Music)
124 King Street East, Gananoque, ON, K7G 1G2,
www.theoldenglishpub.ca

Schlafen
Riverwalk B&B **Tipp!**
146 John Street, Gananoque, ON, K7G 1A6
www.bbcanada.com/14892.html

Natur
1000 Islands Tower **Tipp!**
716 Highway 137, Lansdowne, ON, K0E 1L0
www.1000islandstower.com

Gananoque Boat Line **Tipp!**
280 Main Street, Gananoque, ON, K7G 2M2
95 Ivy Lea Road, Lansdowne, ON, K0E 1L0
www.ganboatline.com

Confederation Park
2 King Street East, Gananoque, ON K7G 1E6
Wandermöglichkeiten, PDF mit Infos unter:
www.gananoque.ca/sites/gananoque.ca/files/Hiking-Trails-2016.pdf
www.gananoque.ca/community-services/parks-and-recreation/hiking-and-waterfront-trails

Town Park
Mit Town Hall und Band Stand (manchmal Live Music)
Zugang King Street East oder Park Street

Einkaufen
Shoppers Drug Mart
Apotheke/Drogerie mit Canadian Post Office. Viele Artikel gibt es nur in großen Packungen. Kleine Packungen findet man eher im normalen Supermarkt.
615 King Street East, Gananoque, ON, K7G 1H4
www.shoppersdrugmart.ca

Kultur
1000 Islands Writers Festival **Tipp!**
Literaturfestival im Mai mit Veranstaltungen in Gananoque und Umgebung
www.1000islandswritersfestival.ca

Gatineau (Hull), 265.500 Einwohner    Seite 118
www.ville.gatineau.qc.ca
Die Stadt liegt in der Provinz Québec an der Nordseite des Ottawa River. Auf der Südseite des Flusses, in Ontario liegt die Hauptstadt Ottawa.

Kultur Tipp!
Canadian Museum of History
100 Laurier Street, Gatineau, QC, K1A 0M8
www.historymuseum.ca

Natur

Gatineau National Park – im Winter geschlossen
Gatineau Park Welcome Area P3, Gatineau Parkway, Parkplatz kann ganzjährig angefahren werden, die weitere Straße ist im Winter gesperrt
www.ncc-ccn.gc.ca/places-to-visit/gatineau-park
www.ncc-ccn.gc.ca/hiking-and-walking

Info
Gatineau Park Visitor Centre
33 Scott Road, Chelsea, QC, J9B 1R5

Glenora (Ferry Prince Edward County) ⓘ Seite 139
www.mto.gov.on.ca/english/ontario-511/ferries.shtml#glenora
Glenora ist eine Gemeinde im Prince Edward County, in der kanadischen Provinz Ontario, am südlichen Ufer der Bay of Quinte - am nördlichen Ufer des Lake Ontario.

Info
Von Picton kommend erreicht man in Glenora die kostenfreie Fähre nach Adolphustown. Die Fähre verkehrt an 365 Tagen, je nach Jahreszeit alle 15 bzw. 30 Minuten.

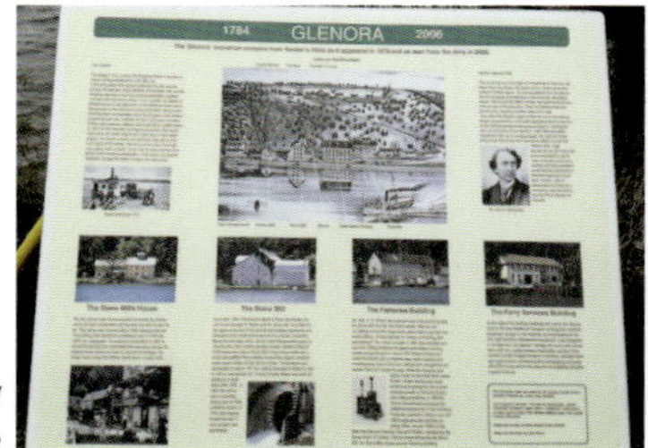

Infotafel an der Glenora Ferry
Toiletten befinden sich in der Nähe

Goderich, 7.700 Einwohner     Seite 159, 163

www.goderich.ca

Nach eigenen Aussagen „Canada's Prettiest Town". Auf jeden Fall tolle Lage am Lake Huron, schöner Ortskern mit 8-eckigem Courthouse Park, gute Restaurants und ein „Amazing Sunset".

Essen

West Street Willy's Eatery **Tipp!**
42 West Street, Goderich, ON, N7A 2K3
www.weststreetwillyseatery.com

Beach Street Station - Lakefront Dining
2 Beach Street Goderich, ON, N7A 4C7
www.beachstreetstation.com

Cait's Café
168 Courthouse Square, Goderich, ON, N7A 1N1
www.caitscafe.com

Schlafen

Colborne Bed & Breakfast, neue Eigentümer ab Sommer 2018
72 Colborne Street, Goderich, ON, N7A 2V9
www.colbornebandb.com

Kultur

The Livery Theatre
35 South Street, Goderich, ON, N7A 3L4
www.thelivery.ca

Natur

St. Christopher's Beach und Rotary Cove an der Cove Road
Lighthouse Park an der Cobourg Street

Golden Lake   Seite 171, 175

Ein Ort und ein See. Abseits vom Ort, am See steht das hochwertige Motel direkt am Wasser. Die Zimmer haben Seeblick.

Essen, Schlafen, Natur

Sands on Golden Lake – Motel und Restaurant
13163 Hwy 60, Golden Lake, ON, K0J 1X0
www.sandsongoldenlake.com

Gravenhurst, 12.400 Einwohner     S. 167, 171

www.gravenhurst.ca

Liegt in der Muskoka Region. Einer meiner Lieblingsorte auf der Reise. Hier gibt es alles: See, Restaurants mit Terrasse, kleine Geschäfte, Wanderwege. Im Sommer viele Veranstaltungen.

G

Essen

The Oar & Paddle Restaurant and Pub
530 Muskoka Road N, Gravenhurst, ON
www.northinmuskoka.com

Dock of the Bay - Steak & Seafood Grille
1110 Bay Street, Gravenhurst, ON, P1P 1Z9
www.dockofthebay.ca

Tea Beards
barbershop – tea café – hobby shop
101 Muskoka Road South, Gravenhurst, ON, P1P 1X3
www.teabeards.ca

Schlafen

The Inn on Bay **Tipp!**
291 Bay Street, Gravenhurst, ON, P1P 1H1
www.innonbay.com

Einkaufen

Muskoka Bear Wear - Canadian Made
110 Muskoka Road South, Gravenhurst, ON, P1P 1T5
www.muskokabearwear.com

Terry's Your Independent Grocer
290 First Street North, Gravenhurst, ON, P1P 1H3

Kultur

Muskoka Steamships
Segwun Steamship aus dem Jahr 1887 ist Nord-Amerikas ältestes, noch fahrendes und mit Kohle betriebenes Dampfschiff. Das Wenonah II Steamship aus dem Jahr 2002 ist das neueste Passagierschiff.
185 Cherokee Lane, Gravenhurst, ON, P1P 1G7
www.realmuskoka.com/steamships

Muskoka Discovery Center (Museum)
275 Steamship Bay Road Gravenhurst, ON, P1P 1Z9
www.realmuskoka.com/discovery-centre

G I

Music On The Bark
Live Musik bei gutem Wetter jeden Sonntagabend im Sommer am Gull Lake Rotary Park.
www.gravenhurst.ca/en/discoverus/musicnthebarge.asp

Natur

Gull Lake Rotary Park
3 Street, Gravenhurst, ON, P1P 1H4
www.gravenhurst.ca/en/discoverus/gulllakerotarypark.asp

Gravenhurst Trails
Schöne und interessante Wege, um Gravenhurst und die nähere Umgebung zu entdecken.
www.gravenhurst.ca/en/discoverus/trails.asp

Muskoka Trails Council -Wander- und Spazierwege
Schöne und interessante Wege, um die Region zu erkunden.
www.muskokatrailscouncil.com/trailguide/town-of-gravenhurst
Siehe auch Algonquin Provincial Park - *www.algonquinpark.on.ca*

Île d'Orléans   Seite 197

www.tourisme.iledorleans.com
Liegt circa 15 km östlich von Québec City. Es ist die zweitgrößte Insel im St.-Lorenz-Strom mit etwa 34 km Länge und 8 km Breite.

Essen

Buffet Maison
995 Route Prévost, Saint-Pierre, QC, G0A 4E0
www.buffetmaison.com

Natur

Parc de la Chute-Montmorency
(auf der anderen Seite der Pont Île d'Orléans)
Mit den Montmorency Falls 83 m, Hängebrücke, Gondel, Wanderwegen und Picknickplätzen.

Kemptville, 3.600 Einwohner Seite 175
www.investnorthgrenville.ca/north-grenville-community-information/old-town-kemptville
Kleiner Ort, sehr kurze Flanierstraße. Hier gibt es bei den „Crusty Bakers“, meiner Meinung nach, das beste Brot Ontarios.

Essen
The Crusty Bakers Tipp!
16 Prescott Street, Kemptville, ON
www.thecrustybakerbread.wordpress.com

Kingston, 130.000 Einwohner     Seite 139
www.cityofkingston.ca
Die Stadt liegt am nordöstlichen Ende des Lake Ontario am Übergang zum St.-Lorenz-Strom, in der Nähe von Gananoque. Touristische Stadt mit einem Hafen, Geschäften, Museen und Restaurants.

Info
Visitor Information Center
209 Ontario Street,Kingston, ON, K7L 2Z1
www.visitkingston.ca/plan/visitor-centre

Essen
Peter‘s Place Restaurant
34 Princess Street, Kingston, ON, K7L 1A4
www.petersplacerestaurant.ca

Einkaufen
Shoppers Drug Mart, Downtown Kingston
Apotheke/Drogerie mit Canadian Post Office, Royal Bank ATM
136 Princess Street, Kingston, ON, K7L 1A7

Kultur
Kingston City Hall - National Historic Site
Gebäude aus dem 19. Jahrhundert
Guided Tours von Mai bis Oktober, ansonsten einfach selbständig durch das Gebäude gehen.
216 Ontario Street, Kingston, ON, K7L 2Z3

St. George's Cathedral
270 King Street East, Kingston, ON; K7L 3B1
www.stgeorgescathedral.ca

Kleiner Kirchenweg entlang der Clergy Street
Rechts und links in den Seitenstraßen stehen vier Kirchen auf relativ engem Raum. Gut zu Fuß erlaufbar.
St. Andrew's Presbytarion Church - 130 Clergy Street
Cathedral of Saint Mary - 279 Johnson Street
First Babtist Church - 110 Sydenham Street
Sydenham Street United Church - 82 Sydenham Street

Natur
Loyalisten Parkway/Hwy ON 33
Alternative Strecke für PKW oder Fahrrad nach Trenton (oder umgekehrt) über das Prince Edward County.
Siehe auch Glenora Ferry.
www.loyalistparkway.org

Knowlton (Lac-Brome), 5.600 Einwohner   Seite 183
www.tourismelacbrome.com
"A village to visit, to discover and to love" sagt die Stadt über sich selbst. Schöne Gebäude mit viktorianischer Architektur, kleinen Läden, Restaurants und Hotels. Ein See ist in der Nähe - in walking distance.

Info
Tourisme Lac-Brome
122 Chemin Lakeside, Knowlton (Lac-Brome), QC, J0E 1V0
www.tourismelacbrome.com/en
Weitere Informationen unter *www.chemindescantons.qc.ca*

Essen
Buzz Café
291 Knowlton Road, Knowlton, QC, J0E 1V0

Natur
Douglass Beach am Lac Brome
213, 193 Rue Lakeside, Knowlton, QC, J0E 1V0
Schwimmen, Picknick, Walking, Volley Ball und Parkplätze
www.ville.lac-brome.qc.ca/loisirs/douglass-beach

Lévis, 143.000 Einwohner     S.187, 197, 201

www.visitezlevis.com

Gegenüber Québec City, von dort einfach mit der Fähre erreichbar.
Tolle Lage mit einer super Aussicht auf Québec City und einer optimalen Fährverbindung. Restaurants und kleine Geschäften an den Straßen Avenue Bégin und Côtes du Passage.

Info

Lévis Ferry Terminal
6001, Rue Laurier, Levis, QC, G6V 0P5
www.traversiers.com/en/home
Auf der Fahrt von Lévis nach Québec City hat man vormittags neben der sehr schöne Aussicht auch optimales Licht für Fotoaufnahmen.

Essen

Chocolats Favoris
Schokolade und spezielles Eisangebot (Kooky Cones)
32 Avenue Bégin, Lévis, QC, G6Y 4B8
www.chocolatsfavoris.com

Schlafen

Le plumard coquette et café **Tipp!**
5865, Rue St-Georges, Lévis, QC, G6V 4K9
www.auplumardcouetteetcafe.com

Einkaufen

IGA Veilleux et Filles inc. supermarché
Supermarkt mit europäischem Angebot an Käse, Bier, Wein
53 Route du Président-Kennedy, Lévis, QC, G6V 6C7
www.iga.net/fr/recherche_de_magasin/magasin/8577

IGA extra supermarché Saint-Romuald
1060 Boulevard Guillaume-Couture, Saint-Romuald, QC, G6W 5M6

Kultur

Cinema Lido Lévis
44 Route du Président-Kennedy, Lévis, QC, G6V 6C5
www.cine-detente.ca

M

Magog/Memphrémagog, 26.600 Einwohner Seite 187
www.ville.magog.qc.ca
Touristische Stadt in den Eastern Townships (Estrie).
Lage am Lac Memphrémagog.

Essen
Caffucchino
219, Rue Principale Ouest, Magog, QC, J1X 2A8
www.caffuccino.com

Meaford, 11.100 Einwohner Seite 163
www.visitsouthgeorgianbay.ca
Kleiner sympathischer und ruhiger Ort an der Georgian Bay. Weniger touristisch als Collingwood und bisher ohne Bausünden in der Stadt.

Essen
MCGuinty's Café
45 N Sykes Street, Meaford, ON, N4L 1V9

Einkaufen
Stedmans V&S
29 N Sykes Street, Meaford, ON, N4L 1V9
Old-fashioned department store

Midland, 16.800 Einwohner Seite 167
www.midland.ca
Midland ist ein angenehmer Ort direkt an der Georgian Bay mit Parks, Seen und einem kleinen Hafen. In der King Street gibt es Geschäfte und Restaurants. Viele Wandgemälde (Murals) zieren Häuser der Stadt. Collingwood oder Parry Sound erreicht man nach ca. 1 Stunde Autofahrt.

Essen
Grounded Coffee Company
Top Kaffee und auch vegane Kuchen
538 Bay Street, Midland, ON, L4R 1L3
www.groundedcoffee.ca

Kultur
Midland Mural Tour
www.midland.ca/Pages/Midland-Mural-Tour.aspx

Montréal, ca. 1.7 Mio. Einwohner     **Top!**

www.ville.montreal.qc.ca - Seite 112-115, 119, 201

Liegt auf der größten Insel im St.-Lorenz-Strom, der Île de Montréal. Hier gibt es alles, wie in jeder Millionen-Stadt. Viel zu sehen und viel zu erleben. Wasser und Berg, alt und neu, Ruhe und Hektik.

Info

Montréal Pierre-Elliott-Trudeau International Airport
Aéroport international Pierre-Elliott-Trudeau de Montréal (YUL)
Lage ca. 20 km westlich von Montréal City. Der frühere Name des Flughafens war „International Airport Montréal-Dorval", nach seiner Lage in der Gemeinde Dorval.
www.admtl.com/en

Bus 747 - 24/7 Service **Tipp!**
Expressverbindung Flughafen – Innenstadt
Ticket kostet 10 CAN$ und gilt 24 Stunden! Im Bus kann nur passend mit Münzen bezahlt werden. Tickets gibt es auch am Automaten in der „international arrival area".
www.stm.info/en/info/networks/bus/shuttle/747-aeroport-p-e-trudeau-centre-ville-shuttle

Tourist Information Centre of Montréal
1255 Peel Street 100, Montreal, QC, H3B 2Y1
Sehr gutes Informationsmaterial zu Montréal und der Provinz.
www.quebecoriginal.com/en-ca

Schlafen

Holiday Inn Downtown Montréal
999 St Urbain Street, Montréal, QC, H2Z 0B4
www.ihg.com/holidayinn

Essen

Café Castel **Tipp!**
1015 Sherbrooke Street West/ 3407 Peel Street Montréal, QC
www.facebook.com/Cafecastelart

Einkaufen, Essen

Complexe Desjardins
150 Saint-Catherine St W, Montréal, QC, H2X 3Y2
www.complexedesjardins.com

M

Natur, Kultur

Parc du Mont Royal (Berg Mont Royal, Höhe 233 m) Tipp!
Wunderschöner Ausblick von der Terrasse vor dem Chalet du Mont Royal. Spazierwege durch den Park zum Lac aux Castors, Croix du Mont Royal und George-Étienne-Cartier-Monument.

Vieux Port/ Old Port Montréal Tipp!
Altes Hafengebiet mit verschiedenen Quais und Pier.
Rue de la Commune Oest-Est, Montréal, QC, H2Y 2E2
www.oldportofmontreal.com

Notre-Dame de Montréal (Place d'Armes)
110 Notre-Dame St W, Montréal, QC, H2Y 1T2
www.basiliquenotredame.ca

Cathédrale Marie-Reine-Du-Monde (Ville Marie)
1085 Cathédrale Street, Montréal, QC, H3B 2V3
www.diocesemontreal.org

Place des Arts (Kulturzentrum/Areal im Arrondissement Ville-Marie)
175 Saint-Catherine Street, Montreal, QC, H2X 1Y9
www.placedesarts.com

Ville Marie
Stadtzentrum von Montréal und eines der 19 Arondissements der Stadt. Hier befinden sich viele Sehenswürdigkeiten.

MAC Musée d'art contemporain de Montréal (Place des Arts)
185 Saint-Catherine St W, Montréal, QC, H2X 3X5
www.macm.org/en

Olympiapark/Olympic Parc/Parc Olympique
Metro-Station Pie IX (Green Line)
www.stm.info/en/info/networks/metro

Olympic Stadium
The Montréal Tower, 45° geneigter Aussichtsturm (165 m)
4141 Avenue Pierre-De Coubertin, Montréal, QC H1V 3N7
www.parcolympique.qc.ca

Biodome (in der Nähe des Olympiaparks)
4777 Avenue Pierre-De Coubertin, Montréal, QC, H1V 1B3

Botanical Garden
4581, Rue Sherbrooke Est, Montréal, QC, H1X 2B2
www.espacepourlavie.ca/en/botanical-garden

Montréal zu Fuß - siehe Etappe Montréal Tipp!
Rundweg „Vieux Montréal/Old Montréal", Seite 112
Altstadt und Hafengebiet

Weg „Mont Royal", Seite 114
Berg und Park mit toller Aussicht

Niagara On The Lake, 17.600 Einwohner S. 143, 147, 151
www.niagaraonthelake.com
Einer meiner Lieblingsorte. Tolle Lage am See in der Nähe der Niagara Fälle. Es gibt viele Freizeitaktivitäten, einen Ortskern mit Läden und Restaurants, den Queen's Royal Park und Weingüter. Blick auf die Skyline von Toronto vom Fort Mississauga aus.

Schön und empfehlenswert ist die Fahrt zu den Niagara Falls über den Niagara Parkway am Niagra River entlang. Die Entfernung beträgt ca. 24 km mit Aussichtspunkt an der Strecke. Die Fahrstrecken die das Navi gerne anzeigt – über Regional Road 55, 100 und 102 - sind von meiner Seite aus nicht empfehlenswert um von Niagara On The Lake zu den Falls zu fahren.

Info
Ontario Travel Information Centre
251 York Road, Niagara On The Lake, ON, L0S 1J0
www.ontariotravel.net/en/home

Essen
Niagara's finest Thai
88 Picton Street, Niagara On The Lake, ON, L0S 1J0
www.niagarathai.ca

Schlafen
Graystone Bed and Breakfast Tipp!
612 Victoria Street, Niagara On The Lake, ON, L0S 1J0
www.graystonebb.com

N

Niagara Falls, 89.000 Einwohner Seite 143, 147
Die Stadt liegt an den Niagara Fällen am Niagara River gegenüber der gleichnamigen US-amerikanischen Stadt Niagara Falls im Staat New York. Verbunden sind die beiden Städte über die Rainbow Bridge.
Der Ort Niagara Falls ist meiner Meinung nach nicht so schön, viele Hotels, Jubel/Trubel usw..

Info
Niagara Falls Tourism
6815 Stanley Ave, Niagara Falls, ON, L2G 7B6
www.niagarafallstourism.com

Niagara Falls and Parks **Top!** Seite 147
Ein großes Gebiet mit vielen Freizeitaktivitäten, schönen Parks und den berühmten kanadischen Niagara Fällen, den Horseshoe Falls, mit 57 m Fallhöhe und etwa 670 m Breite. Genügend Parkplätze und Parkhäuser gibt es vor Ort. Im Sommer ist das Gebiet sehr voll.

Natur, Kultur
Queenston Heights Park mit Brock Monument
14184 Niagara Pkwy, Niagara-on-the-Lake, ON, LoS 1Jo

Floral Clock (kleiner Park mit einer Blumenuhr)
14004 Niagara Pkwy, Queenston, ON, LoS 1Lo

Whirlpool Aero Car
3850 Niagara Pkwy, Niagara Falls, ON, L2E 3E8

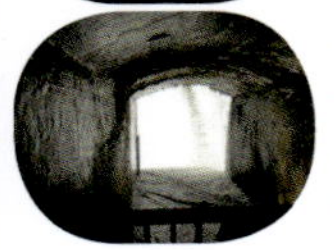

Journey Behind the Falls **Tipp!**
6650 Niagara Pkwy, Niagara Falls, ON, L2E 3E8
Informationen zu allen Attraktionen
www.niagaraparks.com

Skylon Tower **Tipp!**
Tolle Sicht auf die kanadischen und amerikanischen Niagara Falls und die Umgebung
5200 Robinson St, Niagara Falls, ON, L2G 2A3
www.skylon.com

Ottawa, 948.000 Einwohner     **Top!**

www.ottawa.ca - Seite 118, 122-127, 131

Die Hauptstadt von Kanada. Tolle Museen, Läden, Restaurants und Parks. Fußgängerbereich in der Sparks Street. Interessante Stadtviertel „ByWard Market" und „The Glebe". Meine Empfehlung ein Spaziergang am Rideau Canal entlang. Für Ausflüge in die Umgebung, siehe auch Gatineau.

O

Info

Ottawa Tourism
150 Elgin Street, Suite 1405, Ottawa, ON, K2P 1L4
www.ottawatourism.ca
Informationen zu Transport (Bus/Train) *www.octranspo.com*
Apps mit Informationen für Android und Iphone
www.canada.ca/en/canadian-heritage/services/visitor-information/mobile-apps.html

Capital Information Kiosk
90 Wellington Street, Ottawa, ON, K1P 1A5
Hier bekommt man die kostenfreien Tickets für die Guided Tours: Centre Block, Peace Tower, Memorial Chamber. Siehe Parliament Hill.

Essen

Wild Oat Bakery & Café
817 Bank Street, Ottawa, ON,
www.wildoat.ca

Stadtteile „The Glebe" und „ByWard Market"
Viele Restaurants, Kneipen, Läden und mehr ...
www.intheglebe.ca *www.byward-market.com*

Bridgehead Coffeehouse
Kaffee ist stark und sehr gut, der Carrot Cake ist lecker.
96 Sparks Street, Ottawa, ON, K1P 5T9
www.bridgehead.ca

Schlafen

Ashbury House Bed & Breakfast **Tipp!**
303 First Avenue, Ottawa, ON, K1S 2G7
www.ashburyhouse.com

Einkaufen

Buchhandlung Indigo
128 Bank St, Ottawa, ON, K1P 5N6

Kultur

Parliament Hill **Tipp!**

Parliament, Centennial Flame, Bibliothek und Park
111 Wellington Street, Ottawa, ON
www.parl.ca
Das Parlamentsgebäude lässt sich kostenfrei besichtigen, aber nur mit Tickets und Führung. Tickets gibt es täglich eine bestimmte Anzahl gegenüber dem Parliament Hill im Capital Information Kiosk (90 Wellington Street). *Tickets for guided tours and the Peace Tower and Memorial Chamber are available on a first-come, first-served basis.*

Canada Day am 1. Juli
Nationalfeiertag zur Bildung Kanadas am 1. Juli 1867. Mit Veranstaltungen im ganzen Land. Große Feierlichkeiten finden in Ottawa auf dem Parliament Hill statt.

National Gallery of Canada
380 Sussex Drive, Ottawa, ON, K1N 9N4
www.gallery.ca

Natur

Nepean Point
Ein Hügel in der Nähe der National Gallery of Canada und der Alexandra Bridge mit Ausblicken beispielsweise zum Ottawa River, dem Parliament und dem Canadian Museum of History. Auf dem Hügel steht eine Statue von Samuel de Champlain, dem Gründer von Québec City.

Landsdowne Park
450 Queen Elizabeth Dr, Ottawa, ON, K1S 3W7

TD Place Frank-Clair-Stadion – direkt am Landsdowne Park
1015 Bank Street, Ottawa, ON, K1S 3W7
Cineplex, Läden und Restaurants – in der Nähe von Park und Stadion

Ottawa zu Fuß - siehe Etappe Ottawa **Tipp!**
Parliament Hill, Seite 122

Rundweg „The Glebe", Seite 126 – the place to be - Bank Street mit kleinen Geschäften und einigen top Restaurants, Rideau Canal und Lansdowne Park

Picton, ca. 4.500 Einwohner Seite 139
prince-edward-county.com/item/town-of-picton
Kleiner Ort mit Läden und Restaurants und Cafés.

Essen
The Bean Counter Café **Tipp!**
172 Main Street Unit 101, Picton, ON, K0K 2T0
www.beancountercafe.com

Natur
Lake On The Mountain
296 County Road 7, Prince Edward, ON, K0K 2T0
prince-edward-county.com/item/lake-on-the-mountain

Pointe-Claire, 31.000 Einwohner  Seite 205
www.pointe-claire.ca
Kleiner Ort direkt am St.-Lorenz-Strom. Die Straße Chemin du Bord du Lac mit kleinen Geschäften und vielen Restaurants ist belebt, auch der Parc Bourgeau und ein Yachtclub befinden sich dort. Schöne Häuser sieht man an der Straße Chemin Lakeshore, diese geht über in den Boulevard Saint-Charles, dann in den Boulevard Beaconsfield und schließlich in die Rue Lakeshore bis nach Sainte-Anne-de-Bellevue.
Der Montréal Pierre-Elliott-Trudeau International Airport ist in ca. 15-20 Minuten mit dem Auto erreichbar.

Essen
Les Moulins La Fayette – Boulangerie, Patisserie
279 Chemin du Bord du Lac, Pointe-Claire, QC, H9S 4K9
www.lesmoulinslafayette.com

Point Pelee National Park/Leamington, 27.600 Einwohner S. 150
www.visitwindsoressex.com/point-pelee-national-park
Der Park liegt auf einer Landzunge. Er ist für seine Vogel- und Schmetterlingsarten sowie Vegetation bekannt. Von Windsor ca. 60 km entfernt.
1118 Point Pelee Drive, Leamington, ON, N8H 3V4

Achtung! Im Mai ist "Bird Season", dann kommen viele Vogelkundler und die Hotelzimmer in der Region sind oft belegt.

Region Québec - siehe Québec City, Lévis, Île d'Orléans

www.quebecregion.com

Québec City, ca. 540.000 Einwohner

Top!

www.ville.quebec.qc.ca - Seite 187, 190-193, 197, 201

Die Hauptstadt der Provinz Québec. Eine angenehme Stadt mit schöner Altstadt (sehr touristisch) und Fußgängerzone, es gibt viel zu sehen, zu erleben, einzukaufen ... Schöne Plätze zum Ausruhen und den Blick schweifen lassen.

Infotafel in Québec City

Info

Centre Infotouriste de Québec
12 Rue Sainte-Anne, Ville de Québec, QC, G1R 3X2
www.quebecoriginal.com

Essen

Le Lapin Sauté (Das sautierte Kaninchen)
52, Rue du Petit-Champlain, Québec, QC
www.lapinsaute.com

La Galette Libanese
641 Grande-Allée Est, Québec, QC, Canada G1R2K4
www.lagalettelibanaise.com

Einkaufen

Simons Department Store
20 Côte de la Fabrique, Québec City, QC G1R 3V9

SAIL - Hier gibt es alles was das Outdoor-Herz begehrt und noch Einiges mehr. Nur mit einem Fahrzeug erreichbar.
5200 Des Gradins Blvd., Québec, QC, G2J 0B8
www.sail.ca

Kultur

Monument Samuel de Champlain
Das Denkmal für Samuel de Champlain, dem Gründer von Québec, Gouverneur von Neu-Frankreich und Entdecker der Großen Seen, erhebt sich auf der Dufferin-Terrasse neben dem Château Frontenac.
Escalier Frontenac, Québec City, QC, G1R 4S7

Château Frontenac
Ein Luxushotel im Zentrum von Québec.
Im Film von Regisseur Alfred Hitchcock „Ich beichte" (engl. Originaltitel I Confess) ist das Château Frontenac mehrfach zu sehen und spielt am Schluss eine wichtige Rolle.
1 Rue des Carrières, Québec, QC, G1R 4P5

Dufferin Terrassen
Vor dem Château Frontenac, Aussicht auf den Fluss und Lévis.
Rue des Carrières, Ville de Québec, QC, G1R 5J5

La Citadelle
1 Côte de la Citadelle, Ville de Québec, QC, G1R 3R2

Die vier Stadttore von Québec:
Porte Saint-Jean – Rue Saint-Jean
In der Nähe des Veranstaltungszentrums Palais Montcalm und der Fortifications of Québec, einer National Historic Site.

Porte Kent - Rue Dauphine
Am Parc de lÈsplanade, in der Nähe des Palais Montcalm.
www.palaismontcalm.ca

Porte Saint-Louis - Rue d'Auteuil
Am Parc de lÈsplanade, in der Nähe des Militärmuseums und der Citadelle

Porte Prescott – Côte de la Montagne
In der Nähe des Montmorency Park. Treppenaufgang zum Monument Samuel de Champlain, den Dufferin Terrassen und dem Château Frontenac.

Q
S

La Fresque des Québécois **Tipp!**
Das große Wandgemälde erzählt die Geschichte der Stadt und zeigt dabei die einzigartige Architektur sowie 15 historische Persönlichkeiten und knapp ein Dutzend Schriftsteller und Künstler.
29 Rue Notre Dame, Ville de Québec, QC, G1K 4E9

Fortifications of Québec - National Historic Site
Die Festungsanlagen von Québec.
Eine Erinnerung an die militärische Vergangenheit der Stadt. Schöner Spaziergang entlang der Befestigungsmauern, mit Grünflächen und schönen Aussichten.

Natur
Montmorency Park - National Historic Site
Der Park befindet sich an der Côte de la Montagne am östlichen Rand der historischen Oberstadt. Ein sehr schöner Platz für eine Pause. **Tipp!**

Siehe auch - Île d'Orléans , Parc de la Chute-Montmorency

Québec zu Fuß - siehe Etappe Québec
Rundweg Aussicht, Seite 191
Weg mit schönen Aussichten, Gebäuden, Restaurants

Rundweg Kunst/Kultur, Seite 192
Weg mit Galerien, Kultur, Museen, schönen Plätzen und Restaurants

Sainte-Anne-de-Bellevue, 5.100 Einwohner   Seite 204
www.ville.sainte-anne-de-bellevue.qc.ca/en
Liegt am westlichen Ende der Île de Montréal. Die Fahrt von Pointe-Claire nach Sainte-Anne-de-Bellevue (oder umgekehrt) führt am St.-Lorenz-Strom entlang und an schönen Häusern vorbei.

Natur, Kultur
Canal - National Historic Site
170 Sainte-Anne Street, Sainte-Anne-de-Bellevue, QC, H9X 1N1
www.pc.gc.ca/en/lhn-nhs/qc/annedebellevue

Sauble Beach, 2.000 Einwohner  Seite 163

www.saublebeach.com

Die Strandgemeinde liegt am Lake Huron, im Süden der Bruce Peninsula.

Natur

Sauble Beach ist der zweitgrößte Frisch-/Süßwasser Strand der Welt am Lake Huron. Den Strand darf man mit dem Auto befahren/dort parken. Im Sommer ist das Gebiet touristisch erschlossen und es werden Parkgebühren verlangt!
Außerhalb der Saison ist es ruhig bis einsam.
Lakeshore Boulevard North, Sauble Beach, ON, N0H 2G0

Sutton, 3.900 Einwohner    Seite 179, 183, 187

www.suttontourism.ca

Kleiner, angenehmer Ort in den „Eastern Townships" am Berg Mont Sutton. Der Ort Knowlton und der Lac Brome sind in der Nähe.

Info

Sutton Visitor Information Centre
24A, rue Principale Sud., Sutton, QC, J0E 2K0
www.tourismesutton.ca

Schlafen, Essen

Sutton Brouerie **Tipp!**
27 Rue Principale Sud, Sutton, QC, J0E 2K0
www.aubergesuttonbrouerie.com

Schlafen, Essen

Le Pleasant Hotel & Café **Tipp!**
1 Pleasant Street, Sutton, QC, J0E 2K0
www.lepleasant.com

Natur

Mont Sutton
Im Winter Skigebiet und im Sommer Wandergebiet.
671, Rue MAPLE C.P. 1580 Sutton, QC, J0E 2K0
www.montsutton.com

Trois-Rivières, 135.000 Einwohner   Seite 187, 201

www.tourismetroisrivieres.com

Die Stadt liegt etwa in der Mitte der Strecke Montréal - Québec City. Viele Geschäfte und Restaurants. Verschiedene Touren führen durch die Stadt, beispielsweise ein Heritage Trail. Schön ist es auch im Harbourfront Park.

Info

Tourist Information Office
1457 Rue Notre-Dame Centre, Trois-Rivières, QC, G9A 4X4
www.tourismetroisrivieres.com/en
Kurzzeit-Parkplätze vor dem Gebäude. Im Tourist Office erhält man kostenfreie Parkgutscheine für ein nahegelegenes Parkhaus.

Essen

Le Sacristain - Sandwiches Grillés
300 Rue Bonaventure, Trois-Rivières, QC, G9A 2B1
www.lesacristain.ca

Le Buck Pub Gastronomique
142 Rue Saint-François-Xavier, Trois-Rivières, QC, G9A 1P7
www.lebuck.ca

Natur

Harbourfront Park am St.-Lorenz-Strom
Mit Blick auf den Hafen und die Laviolette Brücke
1300 Rue du Fleuve, Trois-Rivières, QC, G9A 2J2

Vaudreuil-Dorion, 34.000 Einwohner   Seite 201

www.ville.vaudreuil-dorion.qc.ca

Die Stadt liegt verkehrsgünstig zum Trudeau Airport und zur City von Montréal.

Schlafen

Holiday Inn Express & Suites
33 Boulevard de la Cité-des-Jeunes East, V-D, QC, J7V 0N3
www.ihg.com/holidayinnexpress
Das Hotel ist neu und Navigationsgeräte haben die Straße und Hausnummer nicht immer verfügbar.

Essen

Coffee Shop, Restaurant/Imbiss zwischen Holiday Inn und SAIL

Einkaufen
SAIL - Riesiges Outdoor Angebot.
39A Boulevard de la Cité des Jeunes East, Vaudreuil-Dorion, QC, J7V 0N3
www.sail.ca

Windsor, 287.500 Einwohner   Seite 150, 155, 159
www.citywindsor.ca
Aufgrund von starkem Dauerregen während des Aufenthaltes ist keine Aussage über die Stadt möglich. Siehe auch Point Pelee National Park (ca. 60 km von Windsor entfernt) und Dearborn/Michigan USA (ca. 25 km von Windsor entfernt).

Info
Mit Detroit mittels Tunnel und Ambassador Bridge verbunden. Einreise in die USA möglich.

Essen
Lee's Bistro
3140 Dougall Ave, Windsor, ON, N9E 1S6
www.leesasiancuisine.ca

Schlafen
Stonecroft Inn **Tipp!**
3032 Dougall Ave, Windsor, ON, N9E 1S4
www.stonecroftinn.com

USA

Detroit, 672.800 Einwohner (gegenüber Windsor) ⓘ Seite 155
www.detroitmi.gov
Die Großstadt im Südosten des US-Bundesstaates Michigan liegt direkt an der kanadischen Grenze, am Detroit River zwischen dem Lake St. Clair und dem Lake Erie. Mit Windsor (Ontario) mittels Tunnel und Ambassador Bridge verbunden.

Info
U.S. Customs and Border Protection auf der Ambassador Bridge.
In meinem Fall, günstige und relativ schnelle Einreise in die USA (6 Dollar/ Zeitdauer ca. 30 Minuten).

Dearborn, 94.500 Einwohner Seite 155
www.cityofdearborn.org
Gehört zum Großraum Detroit und liegt südwestlich von Detroit City, nahe der Great Lakes.

Kultur

The Henry Ford (Seite 154/155) **Tipp!**
20900 Oakwood Boulevard, Dearborn, MI, USA
www.thehenryford.org

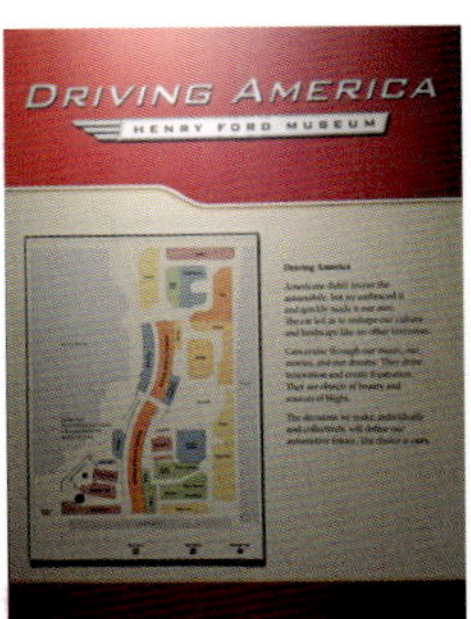

Infotafel und Fahrzeuge im Henry Ford Museum

Automotive Hall of Fame Inc (Seite 154/155)
21400 Oakwood, Dearborn, MI, USA
www.automotivehalloffame.org – für Automobil Enthusiasten!

Notizen

Web-Link Verzeichnis

App
www.canada.ca/en/canadian-heritage/services/visitor-information/mobile-apps.html (App für die Hauptstadt und den Großraum Ottawa)

Info Transport
www.admtl.com/en (Flughafen Montréal)
www.canada.ca/eta (Electronic Travel Authorization)
https://511on.ca (Transport/Verkehr Informationen Ontario)
www.mto.gov.on.ca (Verkehrsministerium Englisch/Französisch)
www.mto.gov.on.ca/english/ontario-511/ferries.shtml#glenora (Fähren Ontario)
www.mto.gov.on.ca/english/traveller/trip/index.shtml (Traveller Info Service)
www.octranspo.com (ÖPNV Ottawa)
www.onroute.ca (Raststätten in Ontario)
www.stm.info/en/info/networks/bus/shuttle/747-aeroport-p-e-trudeau-centre-ville-shuttle (Flughafenbus Montréal)
www.stm.info/en/info/networks/metro (Metro Montréal)
www.traversiers.com/en/home (Fähren Québec)
www.quebec511.info (Transport/Verkehr Informationen Québec)

Info Orte
www.brockvilletourism.com (Brockville, ON)
www.chemindescantons.qc.ca (Eastern Townships, QC)
www.cityofdearborn.org (Dearborn, USA)
www.cityofkingston.ca (Kingston, ON)
www.visitkingston.ca (Kingston, ON)
www.citywindsor.ca (Windsor, ON)
www.cobourgtourism.ca (Cobourg, ON)
www.cornwalltourism.com (Cornwall, ON)
www.detroitmi.gov (Detroit, USA)
www.gananoque.ca (Gananoque, ON)
www.goderich.ca (Goderich, ON)
www.gravenhurst.ca (Gravenhurst, ON)
www.intheglebe.ca - *www.byward-market.com* (Ottawa, ON)
www.investnorthgrenville.ca/north-grenville-community-information/old-town-kemptville (Kemptville, ON)
www.knowltonquebec.ca (Knowlton, QC)
www.midland.ca (Midland, ON)
www.niagaraonthelake.com (Niagara On The Lake, ON)
www.ontariotravel.net/en/home (Provinz Ontario)

www.ottawa.ca (Ottawa, ON)
www.pc.gc.ca/en/lhn-nhs/qc/annedebellevue (Sainte-Anne-de-Bellvue, QC)
www.ville.sainte-anne-de-bellevue.qc.ca/en (Sainte-Anne-de-Bellvue, QC)
www.pointe-claire.ca (Pointe-Claire, QC)
prince-edward-county.com/item/town-of-picton (Picton, ON)
www.quebecoriginal.com (Provinz Québec)
www.saublebeach.com (Sauble Beach, ON)
www.tourisme.iledorleans.com (Île d'Orléans, ON)
www.tourismelacbrome.com/en (Lac-Brome, QC)
www.tourismesutton.ca (Sutton, QC)
www.tourismetroisrivieres.com (Trois-Rivières, QC)
www.ville.gatineau.qc.ca (Gatineau, QC)
www.ville.magog.qc.ca (Magog, QC)
www.ville.montreal.qc.ca (Montréal, QC)
www.mtl.org/en (Montréal, QC)
www.ville.quebec.qc.ca (Québec City, QC)
www.quebecregion.com (Québec City und Umgebung , QC)
www.ville.vaudreuil-dorion.qc.ca (Vaudreuil-Dorion, QC)
www.visitezlevis.com (Lévis, QC)

Essen

www.aubergesuttonbrouerie.com (Brauerei, Sutton, QC)
www.beachstreetstation.com (Restaurant, Goderich, ON)
www.beancountercafe.com (Café, Picton, ON)
www.bridgehead.ca (Café, Ottawa, ON)
www.buffetmaison.com (Delikatessen, Île d'Orléans, QC)
www.buttermilkcafe.com (Restaurant, Cobourg, ON)
www.caffuccino.com (Café, Magog, QC)
www.caitscafe.com (Café, Goderich, ON)
www.complexedesjardins.com (Foodcourt, Montréal, QC)
www.dockofthebay.ca (Restaurant, Gravenhurst, ON)
www.facebook.com/Cafecastelart (Café/Bistro, Montréal, QC)
www.groundedcoffee.ca (Café, Midland, ON)
www.lagalettelibanaise.com (Restaurant, Québec City, QC)
www.lapinsaute.com (Restaurant, Québec City, QC)
www.lebuck.ca (Restaurant, Trois-Rivières, QC)
www.lesacristain.ca (Restaurant, Trois-Rivières, QC)
www.leesasiancuisine.ca (Restaurant, Windsor, ON)
www.lesmoulinslafayette.com (Konditorei/Café, Magog, QC)
www.niagarathai.ca (Restaurant, Niagara On The Lake, ON)
www.petersplacerestaurant.ca (Restaurant, Kingston, ON)

www.sandsongoldenlake.com (Restaurant/Motel, Golden Lake, Hwy 60, ON)
www.teabeards.ca (Tea Café/Barber Shop, Gravenhurst, ON)
www.thecrustybakerbread.wordpress.com (Bäckerei/Café, Kemptville, ON)
www.northinmuskoka.com (Pub/Restaurant, Gravenhurst, ON)
www.theoldenglishpub.ca (Pub/Restaurant, Gananoque, ON)
www.weststreetwillyseatery.com (Restaurant, Goderich, ON)
www.wildoat.ca (Bäckerei/Café, Ottawa, ON)

Schlafen
www.ashburyhouse.com (B&B, Ottawa, ON)
www.auplumardcouetteetcafe.com (B&B, Lévis, QC)
www.bbcanada.com/14892.html (B&B, Gananoque, ON)
www.colbornebandb.com (B&B, Goderich, ON)
www.cornwallramada.com (Hotel, Cornwall, ON)
www.daysinncollingwood.com (Hotel, Collingwood, ON)
www.graystonebb.com (B&B Niagara On The Lake, ON)
www.ihg.com/holidayinn (Hotel, Montréal, QC)
www.ihg.com/holidayinnexpress (Hotel, Vaudreuil-Dorion, QC)
www.innonbay.com (B&B, Gravenhurst, ON)
www.lepleasant.com (Hotel, Sutton, QC)
www.sandsongoldenlake.com (Motel/Restaurant, Golden Lake, Hwy 60, ON)
www.stonecroftinn.com (Hotel, Windsor, ON)
www.woodlawninn.com (Hotel, Cobourg, ON)

Kultur
www.1000islandswritersfestival.ca (Gananoque, ON)
www.automotivehalloffame.org (Dearborn, USA)
www.basiliquenotredame.ca (Montréal, QC)
www.boldtcastle.com (Thousand Islands, ON)
www.cine-detente.ca (Lévis, QC)
www.cineplex.com (Ottawa, ON)
www.diocesemontreal.org (Montréal, QC)
www.espacepourlavie.ca/en/botanical-garden (Montréal, QC)
www.gallery.ca (Ottawa, ON)
www.gravenhurst.ca/en/discoverus/musiconthebarge.asp (Gravenhurst, ON)
www.historymuseum.ca (Gatineau, QC)
www.macm.org/en (Montréal, QC)
www.midland.ca/Pages/Midland-Mural-Tour.aspx (Midland, ON)
www.oldportofmontreal.com (Montréal, QC)
www.palaismontcalm.ca (Québec City)
www.parcolympique.qc.ca (Montréal, QC)
www.parl.ca (Ottawa, ON)

www.placedesarts.com (Montréal, QC)
www.realmuskoka.com/discovery-centre (Gravenhurst, ON)
www.realmuskoka.com/steamships (Gravenhurst, ON)
www.stgeorgescathedral.ca (Kingston, ON)
www.thehenryford.org (Dearborn, USA)
www.thelivery.ca (Goderich, ON)

Natur

www.1000islandstower.com (1000 Islands, ON)
www.algonquinpark.on.ca (Algonquin Provincial Park, ON)
www.epa.gov/greatlakes/physical-features-great-lakes (Great Lakes, ON)
www.gananoque.ca/sites/gananoque.ca/files/Hiking-Trails-2016.pdf (ON)
www.ganboatline.com (Gananoque, ON)
www.gravenhurst.ca/en/discoverus/gulllakerotarypark.asp (Gravenhurst, ON)
www.gravenhurst.ca/en/discoverus/trails.asp (Gravenhurst, ON)
www.loyalistparkway.org (Kingston - Trenton, ON)
www.montsutton.com (Sutton, QC)
www.muskokatrailscouncil.com/trailguide/town-of-gravenhurst (Gravenhurst, ON)
www.ncc-ccn.gc.ca/places-to-visit/gatineau-park (Gatineau, QC)
www.niagarafallstourism.com (Niagara Falls, ON)
www.niagaraparks.com (Niagara Parks, ON)
www.ontarioparks.com/park/algonquin (Parks, ON)
www.pc.gc.ca (Parks, Kanada)
www.pc.gc.ca/en/lhn-nhs/on/rideau (Rideau Canal, ON)
prince-edward-county.com/item/lake-on-the-mountain (Prince-Edward Island, ON)
www.skylon.com (Niagara Falls, ON)
www.travel1000islands.ca (Gananoque, ON)
www.ville.lac-brome.qc.ca/loisirs/douglass-beach (Lac-Brome, QC)
www.visitsouthgeorgianbay.ca (Collingwood, Georgian Bay, ON)
www.visitwindsoressex.com/point-pelee-national-park (Leamington, ON)

Einkaufen

www.chocolatsfavoris.com (Schokolade/Eis, Lévis, QC)
www.complexedesjardins.com (Einkaufszentrum, Montréal, QC)
www.iga.net/fr/recherche_de_magasin/magasin/8577 (Supermarktkette, QC)
www.muskokabearwear.com (Kleidung - Canadian Made, Gravenhurst, ON)
www.ottawafarmersmarket.ca (Bauernmarkt, Ottawa, ON)
www.sail.ca (Outdoor-Läden, ON/QC)
www.shoppersdrugmart.ca (Drogeriemarkt-Kette, ON/QC)

Sport/Events

www.tdplace.ca (Veranstaltungen/Konzerte, Ottawa, ON)

Namen, Orts- und Sachregister

Abkürzungen

ON = Ontario
QC = Québec

B&B = Bed & Breakfast Pension

ETR = Express Toll Road
A = Autoroute
Expy = Expressway
Hwy = Highway
Pkwy = Parkway

Rd = Road
Ln = Lane
Blvd = Boulevard
Ave = Avenue

APP = Algonquin Provincial Park
Gh = Gravenhurst
NOTL = Niagara On The Lake
SAdB = Sainte-Anne-de-Bellvue
V-D = Vaudreuil-Dorion
St = Saint ...

Beschriftung auf einem alten Eisenbahnwagen im Museum „The Henry Ford“

Infos und Tipps zum Schluss!

Die **Einreise** nach Kanada ist, je nach Staatsangehörigkeit, mit einem für die ganze Reise gültigen Reisepass und einer eTA möglich. Siehe Wissenswertes.

Eine **Auslandskrankenversicherung** mit Rücktransport im Notfall ist sinnvoll. Medikamente gibt es in Drugstores und Supermärkten. Im Krankheitsfall findet man als Urlauber Hilfe in **Walk In Clinics** oder in der Notaufnahme (**Emergency Room**) eines Krankenhauses. Sucht man einen speziellen Arzt, am besten Einheimische, in der Visitor/Tourist Information oder in den Nationalparks einen Ranger fragen.

Die **911** ist die **Telefonnummer bei Notfällen (Emergencies)** in Kanada und den USA.

Wird ein **Mietwagen** benötigt so ist eine Rundtour empfehlenswert, da sonst horrende Einwegmieten anfallen. Kostenfrei ist bei einigen Autovermietungen eine Übernahme/Rückgabe zwischen Montréal, Ottawa und Toronto. Wichtig: Bei der Mietwagenbuchung auf ausreichenden Versicherungsschutz achten!
Für kurze Aufenthalte reicht normalerweise der deutsche **Führerschein** aus. Je nach Provinz/Territorium und Länge des Aufenthaltes kann ein internationaler Führerschein nötig sein. **Strafzettel** sollten bezahlt werden, sonst kann es bei einer erneuten Einreise nach Kanada Schwierigkeiten geben. **Promillegrenze** 0,5 beachten. Diese kann je nach Provinz/Territorium unterschiedlich sein.

Bei echten Notfällen hilft das **Deutsche Generalkonsulat in Toronto**
Adresse: 2 Bloor Street East, 25th Floor, Toronto, ON, M4W 1A8
Für deutsche Staatsangehörige in Nofällen auch außerhalb der Öffnungszeiten (Mo. bis Do. 8:00 - 16:45 Uhr, Fr. 8:00 - 14:00 Uhr) rund um die Uhr erreichbar unter der Telefonnummer (+1) 416 953-3817 - auch per SMS. Nachrichten werden nur beantwortet wenn ein echter Notfall erkennbar ist. Aktuelle Reiseinformationen erhalten Sie unter *www.auswaertiges-amt.de*

Auf Kanada **spezialisierte Reisebüros** helfen vor der Reise bei der optimalen Buchung von Flug, Mietwagen und Unterkünften vor Ort.

Der Tipp zum Schluss! Denken Sie an einen Adapter/**Reisestecker**. Praktisch für Vielreisende und Menschen die einfache Lösungen lieben sind Universal Adapter die für fast alle Länder passen.

Danke!

Ein riesengroßes Dankeschön an meine Freunde, besonders an Marten, Benita und Irene und alle Menschen, die an mein Projekt geglaubt und mich von der Idee bis zum fertigen Buch unterstützt haben.

Und ein ganz besonderes Danke an alle Leserinnen und Leser die mein Buch gekauft und mir damit ihr Vertrauen geschenkt haben. Sie sind meine Reisegefährten geworden und kennen mich jetzt ein wenig.
Auf Ihr Feedback und wie Ihnen das Buch gefallen hat, bin ich sehr gespannt.

Wie war Ihre Reise in den Osten Kanadas, nach Ontario und Québec?
Was haben Sie erlebt? Wo waren Sie überall?

Oder sind Sie ganz gemütlich von Zuhause aus mit mir mitgereist?
Wie war das für Sie?

Schreiben Sie mir gerne eine Mail an post@allein-unterwegs-in.de und sagen Sie mir, wie Sie auf das Buch aufmerksam wurden und wie es Ihnen gefallen hat.

Ich hoffe das Buch hat Sie unterhalten, inspiriert und an der ein oder anderen Stelle zum Nachdenken angeregt.

Bleiben Sie neugierig auf das Leben und Ihre Mitmenschen.
Abenteuer warten nicht nur in Kanada sondern auch an der nächsten Straßenecke.

Ihre
Daniela Roessler

1. Auflage Oktober 2018

Verlag: DA Verlag, Zum Weidbachtal 31, 65239 Hochheim
Über Feedback freuen wir uns: post@da-verlag.de

Autorin: Daniela Roessler
Umschlaggestaltung, Illustrationen, Bilder, Fotos und sonstige
Inhalte: Daniela Roessler
Korrektorat: Philologicus, Kristin Freter
Bestellung und Vertrieb: Nova MD GmbH, Vachendorf
Druck: ZVD Kurt Döringer GmbH & Co.KG, Eppelheimer Straße 82,
69123 Heidelberg - Printed in Germany

ISBN 978-3-96443-248-3

Und wie geht es nun weiter?

Bis zum nächsten Buch online unter:

www.allein-unterwegs-in.de